論語の活学【新装版】

人間学講話

安岡正篤

プレジデント社

論語の活学

安岡正篤――人間学講話

論語をみると、我々が日常遭遇する現象や問題がことごとく原理的に説明されている。こんなことにまで触れていたか、こんな問題まで出ていたかと、驚くばかりである。たとえば、里仁《りじん》篇に、「利に放《よ》って行えば怨み多し」とある。これは今日も同じことで、人々は皆、「利」を追って暮らしているが、利を求めてかえって利を失い、利によって誤られて、際限もなく怨みを作っている。それは「利とは何であるか」ということを知らないからである。

「利の本は義」「利は義の和なり」（左伝）という。したがって本当に利を得ようとすれば、「いかにすることが〝義〟か」という根本に立ち返らなければならない。これは千古易《か》わらぬ事実であり、法則である。ここに気がついて初めて論語が〈活きた学問〉となる。

目次

I 論語の人間像

II 論語読みの論語知らず

III 論語為政抄

I
論語の人間像

第一章　孔子を生んだ時代相

「三聖人」輩出の時代

今回は論語を用いて、と言っても開巻第一ページから講義をするのではなくて、論語を通じて、孔子を中心にその代表的な弟子、及びその時代に活躍した人々の、いわゆる人物群像とも言うべきものを探ってみようという次第です。

我々は論語を通じて、孔子という人に参じ、眼をいろいろの面に放って行きますと、本当に限りない感興を懐《いだ》かされるのでありますが、そもそもその時代からして一入《ひとしお》興味の深いものがある。それは世界の人類文化の淵源をなすと言われる偉人がたまたま東西時を同じうして、あるいは相前後して現れておるということであります。まず、ヨーロッパではソクラテス。ご承知のようにヨーロッパ文明の淵源をなすものはギリシャでありますが、そのギリシャの中でも後世に最も大きな影響を与えた人は、何と言ってもこのソクラテスであります。そうして東してインドにおいては言うまでもなく釈迦、さらに東してシナにまいりまして孔子、この三人が相前後して出たわけであります。釈迦・孔子・ソクラテスを世界の「三大聖人」と言う。またこの三大聖人にクリストを加えて「四聖」と呼んでおりますが、四人の中ではクリストが最も後で、一番の先輩は釈迦、少し後れて孔子が出ております。しかし釈迦と孔子とではいくらも違わない。わずかに釈迦の方が十二ないし十五上のお兄さんである。ソクラテスの方は孔子の晩年に生まれておりますから、少し開きがある。年代で言いますと、孔子は紀元前五五二年から四七九年というのが通説であります。いずれにしても、釈迦・孔子・ソクラテスの三人の偉人が紀元前五、六世紀の頃に相前後して世に出たということは、すこぶる印象的であります。

紀元前五、六世紀といえばユダヤ民族がエジプトとバビロンとの間に挟まって惨澹たる苦労をしておった頃で、ちょうど今の、アラブとイスラエルの争いを思わせるものがあった。シナでは周王朝の時代で、その周室の王権が、内部的な頽廃と外部からの攻撃とによって、ようやく衰退に向かっておった。周王朝は初め山西・陝西《せんせい》地方から発し、平王《へいおう》の時代に故郷の地を去って、黄河の流域に到り、東南に進んで名高い洛陽《らくよう》に都を遷した。これを周室の東遷と申しますが、それは紀元前七七〇年頃のことである。それから前四四〇年までの間を春秋《しゅんじゅう》（時代）と言い、春秋の後を戦国（時代）と言う。だから孔子は春秋の終わりに生きたわけです。

春秋戦国の時代

周王朝が山西・陝西に興った頃のシナには、だいたい千八百くらいの封建国家があったとみられるのですが、それが弱肉強食の結果次第に減って、春秋の初めには百四十あまりになり、やがて末期には十二ないし十五の代表勢力にまで要約されるに到った。これらの諸国家が栄枯盛衰・治乱興亡を繰り返して、春秋・戦国に多彩な歴史をつくったのであります。

今、その頃の治乱興亡の跡を内面的に考察すると、今日の中国などを見ておって一入感慨をもよおすのですけれども、結局つきつめて言うならば、人間が健全であるか、頽廃するか、ということの二つに帰着する。人間というものは、苦難の中から成功するのであるが、いざ成功すると、容易に頽廃・堕落して、やがて滅亡する。これはいつの時代でも同じことでありまして、人間は性懲《しょうこ》りもなくこれを繰り返してきておるわけであります。

「成功は常に苦辛（心）の日に在り、敗事は多く得意の時に因《よ》る」

とは誰もが知っておる名高い格言ですが、実際そのとおりであります。この句は昔からよく聯《れん》などに書いてありますが、苦辛の辛は心という字を書いたのもある。これはその人の好みでどちらでもよいが、苦はにがいものであるから、辛と合わせた方が面白い。とにかく人間というものは、苦辛惨澹して初めて成功するが、せっかく成功するというと、弛《ゆる》みが生じ、やがて驕《おご》りが出てくる。驕りが出てくると、必ず猜疑《さいぎ》嫉妬、他をそねみ疑うようになる。それまでお互いに助け合い信じ合ってきたものが、今度は一転して不和になり、相争うようになる。今、流行の言葉で言うと、奪権闘争をやるようになる。その結果治安・秩序が乱れ、その乱れに内外から乗ぜられて、破滅衰亡する。これは洋の東西を問わず、昔も今も変わらない。二十世紀も後半にはいって、これだけ文明が進歩したのであるから、そういう面においても進歩したかと言うと、少しも進歩しておらぬ。ソ連をご覧なさい、昔のままの奪権闘争をやっておる。その本は人間の堕落、精神・道徳の頽廃であります。

佞と美——曲学阿世の徒

そこで道徳的・精神的に堕落し、中央集権が衰えて、次第に混乱に陥って行った孔子の時代に、いったいどういう人物が世の中の表面に立って活動したか、ということを論語の上から調べてみると、これがまた実に面白い。

子曰《しいわ》く、祝鮀《しゆくだ》の佞《ねい》ありて、宋朝《そうちよう》の美有らざるは、難《かた》きかな、今の世に免《まぬが》れんこと。〔雍也《ようや》第六〕

子曰、不有(注)祝鮀之佞、而有宋朝之美、難乎、免於今之世矣。

（注）不有の不は佞、美の両方にかけずに、「佞有らずして、宋朝の美有るは」と読んでもよろしい。

祝鮀《しゆくだ》の祝は祭祀《さいし》官を意味し、鮀《だ》は名前。衛《えい》の人で、雄弁を以てもてはやされた。宋朝は宋の公子、朝《ちよう》のこと。衛の霊公の夫人南子の情人で、大変な美男子であったという。《孔子が言われた、「祝鮀のような雄弁と、宋朝のような美貌がなければ、とうてい今の世につまずかずに出世することは難しい」と》

その時代に時めいた人物の代表の一例が、祝鮀であり、宋朝であったわけですが、要するに雄弁――表現の上手な口のうまい人間、あるいは風采が立派で堂々たる人間、そういう人間が世の中の表面に立って活動しておったということです。これは言い換えれば、「曲学阿世」といった連中であります。（「佞《ねい》」については、一八三頁参照）

聞人と達人

その次に、何らかの才能を持って盛んに活動する名士というものが現れる、いわゆる時代の人、時の人であります。今日の日本を見てもわかりますね。自民党や社会党などにこういう人間が大勢おりまして、盛んに奮闘活躍しておりますす。中には割合長く名声を維持する者もおるけれども、たいていはすぐ没落してしまう。孔子の時代にもそういう名士が時めいておったわけです。が、この名士、本当は「聞人」というものだと孔子は言われる。

子張《しちょう》問う、士何如《いか》なればこれを達《たつ》と謂《い》うべき。子曰《しいわ》く、何ぞや、爾《なんじ》がいわゆる達とは。子張対《こた》えて曰《いわ》く、邦《くに》に在《あ》りても必ず聞こえ、家に在りても必ず聞こゆ。子曰く、これは聞《ぶん》なり、達に非ざるなり。それ達なる者は、質直《しっちょく》にして、義《ぎ》を好み、言《げん》を察して色《いろ》を観《み》、慮《はか》って以てひとに下《くだ》る。邦に在りても必ず達し、家に在りても必ず達す。それ聞なる者は、色に仁《じん》を取りて行いは違《たが》い、これに居りて疑わず。邦に在りても必ず聞こえ、家に在りても必ず聞こゆ。〔顔淵《がんえん》第十二〕

子張問、士何如斯可謂之達矣。子曰、何哉、爾所謂達者。子張對曰、在邦必聞、在家必聞。子曰、是聞也、非達也。夫達者、質直而好義、察言而觀色、慮以下人。在邦必達、在家必達。夫聞者色取仁而行違、居之不疑。在邦必聞、在家必聞。

《弟子の子張《しちょう》が孔子に訊《たず》ねた、「士人はどのようであれば、これを達人と言えるのですか」と。孔子言う、「いったいどういう意味であるか、汝が言うところの達というのは」。「はい、国家の職におっても必ず有名になり、王室や大名家の家老職におっても必ず有名になる、これが達人というものではないでしょうか」。「それは聞《ぶん》、有名になるということであって達人ではない。そもそも達人というものは、性質が真っ直ぐで、名や利を好むのではなくて、人間がいかにあるべきか、また為《な》すべきか、という義を好み、人の言うこと・主張することをただ言葉どおりに聞くのではなくて、よくその言葉の奥を察して真実を見究め、万事心得たうえで謙遜に人に下るのである。だから国家の職におろうが、王室や大名の家老職におろうが、どこにおろうが、必ず達する、立派に用いられる。これに対して聞――聞人というものは、世にいわゆる名士というものは、いかにも表面では仁をとるがごとく見え、世のため、人のためというような仁らしいうまいことを言うが、実際の行いはまるで仁とは違う。しかも自分では一向に良心の呵責《かしやく》もなく平然とその地位におって、うまく人心に投じ、時に乗じて、要領よく世渡りをしてゆくから、国家の職におっても、王室・大名に仕えておっても、どこでも有名になる」》

こう言って孔子は達人と聞人の違いを諄々《じゅんじゅん》と教えておる。この問答の時の子張は、華やかな動きに眼を奪われて、まだ本当に時世なり人間なりを観る眼ができておらなかったと見える。「聞人」を現代の語に翻訳すると、何とかタレントというものです。今日、テレビタレント、経済タレント、政治タレントなどといろいろのタレントがあって、ただ表現や口先がうまいとか、風采が立派だというだけで、流行児、時の人、名士になって、得意気に動き廻っておりますが、孔子の時代と言葉が少し違うだけで、実質は同じであります。

郷原——世渡りのうまいお調子者

また、聞人とは少し意味が違って、同じく世の中にたいそう通りのよい人間がおる。これを郷原《きょうげん》（愿）と言うておる。正直に自分の意見を主張して、論戦したり、反対したり、というようなことは一切しない。自らの見識、信念に従って堂々と行動しない。誰にでも調子を合わせて、自分だけいい子になってゆく人間、つまり世渡りのうまい人間のことを郷原と言うのであります。

> 子曰《しいわ》く、郷原《きょうげん》は徳の賊なり。
> 子曰、郷原徳之賊也。
> 〔陽貨《ようか》第十七〕

郷原、郷は村、一地方、原はまこと・善の意で、つまり村や田舎の善人であります。《孔子が言われた、「田舎の善人と言われるものは――あの人は善い人だと評判のよい人間は、上っ面だけ調子を合わせていい子になろうとするから、かえって徳をそこなうものである」と》

郷は別に村・田舎に限らない、生活の場、職場みな郷です。郷原については『孟子』にくわしく書いてありますが、現代におりますね。政界を見ても、財界を見ても、その他どこの分野を見ても、郷原がたくさんおります。心の中ではそうではないがと思っておっても、はっきり言わない、調子を合わせる。みなこれ郷原であります。

以上のように春秋から戦国にかけての時代は、佞・美の人間、名士、聞人・郷原といったものが時代を支配し、あるいは時代の代表的な存在であった。そういう中に孔子が現れて、これは釈迦もソクラテスもみな同じでありますが、聞人や郷原を向こうに廻して自らの信ずるところに従って、堂々と主張し、行動したのであります。そのこれは一つの解明であります。

第二章　最も偉大な人間通——孔子の人間観

辛酸を嘗めた少年時代

孔子は魯《ろ》の国の陬邑《すうゆう》というところに誕生し、名は丘《きゅう》、字《あざな》を仲尼《ちゅうじ》と言う。尼丘という霊地に祈願をかけて授かった子である、というのでこの名がつけられたと一般にはされておる。ところがいろいろ書物を見ると、孔子の頭は上部が発達していて、頭頂が凹んで丘のように平たくなっておったので、そこからこの名が出たという説もある。名前の出所はともかくとして、頭が上方に発達しておったということは、これは生理学の上から言うてもうなずける。哲学とか、宗教とかいった、精神的な面に秀れた人は、どうしても頭は上の方に発達する。とにかく孔子は、あれだけの人ですから、常人に較べて異相であったとしても、決して不思議ではありません。

副論語と言われる『孔子家語《こうしけご》』によると、孔子のお父さんは叔梁紇《しゅくりょうこつ》（あるいは、しゅくりょうきつ）といい、家は貧乏ではあったが、陬邑地方の代表的な家系であった。叔梁紇の一生の行事はよくわかりません。ただ、たいへん武張った、厳しい性格の人であったようであります。孔子を生んだお母さんの徴在《ちょうざい》は後妻で、先妻の腹に九人の女と一人の男の子（兄）があったという。このごろ批孔運動で孔子の事を「老二」というが、そのためです。そうしてお父さんの叔梁紇は孔子が三歳の時に亡くなり、しばらくしてお母さんの徴在も亡くなっておる。まあ、異説はあるけれども、家が貧乏で、子供がたくさんあって、両親に早く死別した。しかも孔子は一番の末子ですから、それだけで孔子という人はどんなに苦労したかということがよくわかる。事実、もう少年の頃から働きに出て、例えば季氏の家に使われて、会計掛りのような仕事もやらされれば、豚や羊の飼育もやらされる、というふうにいろいろの仕事についてつぶさに苦労を嘗《な》めておるのであります。

多能の君子

太宰《たいさい》、子貢《しこう》に問うて曰《いわ》く、夫子《ふうし》は聖者か、何ぞ其《そ》れ多能なるや。子貢曰く、固《もと》より天縦《てんしょう》の将聖《しょうせい》にして、また多能なり。子《し》これを聞いて曰く、太宰、我を知れる者か。吾れ少《わか》くして賤《いや》し。故に鄙事《ひじ》に多能なり。君子、多ならんや、多ならざるなり。

太宰問於子貢曰、夫子聖者與、何其多能也。子貢曰、固天縱之將聖、又多能也。子聞之曰、太宰知我者乎。吾少也賤。故多能鄙事。君子多乎哉、不多也。〔子罕第九〕

太宰《たいさい》は宰相の意味ではなくて、呉《ご》の国の官名で、六卿《りくけい》の一つであります。

《呉の国の太宰が子貢《しこう》に訊ねた、「孔子のような方を、いわゆるよく出来た人と言うのでしょう、何とまあ、よういろいろのことが出来ますね」と（この場合の聖者は、聖人ではなくて、通俗的な意味でのよく出来た人という意です）。すると子貢が、「もとより先生は生まれつきの天のゆるした、何の捉われるところもない自由自在の徳を持った、たいそう立派な人であって、その上に何でもよくお出来になります」と答えた。それを聞いて孔子はこう言われた。「さすがに太宰は私のことをよく知る人である。私は少年時代には貧賤であった。だからつまらぬことでも何でも出来るようになったのである。いったい君子というものはそんなにいろいろのことが出来るものであろうか。いや、つまらぬことなど出来たとて君子にとって問題ではないのだ」と》

また、そのすぐ後にこういうことも言われております。

不遇ゆえに多芸多能

> 牢曰《ろういわ》く、子云《しい》う、吾れ試《もち》いられず、故に芸ありと。
>
> 牢曰、子云、吾不試、故藝。
>
> 〔子罕第九〕

《孔子の弟子の牢《ろう》が言った、「先生は『自分は世に用いられなかった。そのためにいろいろのことができるのだ』と言われた」》

面白いですね。要するに人間は、あれもこれもと何でもできるなどというのは、決して自慢にはならぬということです。それよりも何か一つのことに打ち込んだ方がよい。論語にも「君子、多能を恥づ」という言葉がある。よく世間には、ちょっと将棋も指すし、碁も打つ、小唄も歌えるし、ソロバンもうまい、というような人間がありますが、これはそれだけ気を散らすことであって、よほどの大才か、天分が豊かでない限り、ろくなものになるはずはない。だから能力のない者はなおさらのこと、よし非常な能力があっても、あればあったで、その能力を一つのことに集中すれば、はるかに役に立つ大きな仕事ができるというものです。

中学にはいって間もない頃でしたが、私はある先生から初めて碁・将棋というものを教わった。やってみると面白い。二、三手教わって、其の先生と碁を打ったら、私が勝った。そんなはずはないのだがというので、またやったら、また勝った。それでも先生はくやしそうに、「いや、君は碁の天分がある」などと言ってたいそう褒めてくれた。その時にいい気になって碁や将棋に熱中しておったら、私も今頃はどうなっておったかわからぬと思うのでありますが、父や母から「そういうことは学校を出てからやれ」と厳しく言われて、それからはすっかりやめてしまいました。

しかし剣道は私自身も好きで、これは親も許してくれたので、ずいぶんやりました。先生（絹川清三郎、旧小倉藩の指南役）は、これは後でわかったことですが、鍋山貞親氏の叔父さんに当たる人で、よく「君は天分がある」と言って褒めてくれました。そのころ大阪府に初めての医科大学が出来て、府下中学校の剣道の対抗試合が行われ、それに出場して優勝しました。後に京都の武道専門学校を出た若い先生が来られたが、この先生から「君は武専にはいって剣道家になれ、必ず名人になる」と言ってずいぶん奨められたのを覚えております。

そういうことで私なども、少年の頃からやろうと思えばいろいろのことが出来た。出来たが幸い側に物のわかる人がおって、ちょうど果物の余分な花や実をもぎとるように、それはやめておけ、あれはするな、ということで、余計なことをさせてくれなかったから、このように無能である。しかし無能のお蔭でどうやら無事にここまで来られたと思う。

近頃流行の言葉に日曜大工というのがあります。せっかくの日曜日だというのに、女房が待ち構えておって、やれ棚を吊れだの、戸を直せだの、と亭主をこき使う。私などは不精で何もできぬから、家族も諦めて何も頼まない。お蔭で悠々としておる閑がある。器用貧乏という言葉があるが、そのとおりですね。世の中には忙しいと言いながら、ゴルフをやったり小唄を習ったり、碁を打ったり将棋を指したりで、悪い意味の道楽者が案外多い。そうして人生を実にもったいなく無駄にすごしておる。人間はやはり、鄙事《ひじ》に多能になるよりも、無能になった方がよい。孔子はそういうことをちゃんと弁《わきま》えておられた。本当に我々の日常生活にひしひしとひびく言葉です。

もう一つ、孔子の真面目をうかがうのに面白い一節がある。

感激性の豊かな人

葉公《しょうこう》、孔子を子路《しろ》に問う。子路対《こた》えず。子曰《しいわ》く、女《なんじ》なんぞ曰ざる、其《そ》の人と為《な》りや、憤を発して食を忘れ、楽しんで以て憂を忘れ、老《おい》の将に至らんとするを知らざるのみと。

葉公問孔子於子路。子路不對。子曰、女奚不曰、其爲人也、發憤忘食、樂以忘憂、不知老之將至也云爾。〔述而《じゅつじ》第七〕

最後の云爾の二字は、「しかという」と昔は読んだものですが、これは助字ですから、日本語では読まなくてよろしい。

《葉公が、「孔子という人は、いったいどういう人ですか」と子路に訊《たず》ねたが、子路は答えなかった。答えなかったのか、答えられなかったのか、いずれかわからぬが、とにかく子路は何も言わなかった。それを聞いて孔子はこう言われた、「お前はどうして言わなかったのか、その人と為《な》りは、憤を発しては食も忘れ、道を楽しんでは憂も忘れて、やがて老のやって来ることにも気がつかない」と》

こういう人です、孔子という人は。さすがによく自らを語っておる。発憤は言い換えれば、感激性というもので、これは人間にとって欠くことのできない大事なものである。ちょうど機械で言えば動力、エネルギーのようなものです。どんな優秀な設備・機械でも、動力がなければ、燃料がなければ動かない。発憤は人間の動力であり、エネルギーである。したがって発憤のない、感激性のない人間は、いくら頭が良くても、才があっても、燃料のない機械・設備と同じことで、一向役に立たない。

「感激の魂よ、汝をはらめる母は幸いなるかな」とダンテも言うておるが、本当にそのとおりであります。しかしその発憤も、孔子の場合は並のものではない。「憤を発して食を忘れ」、めしを食うことも忘れてしまうのである。発憤、感激性にはそういうところがなければならない。ところが感激性の人はどうかすると、昂奮しやすい。昂奮すると、今度は少し人間が変調になる。それもエモーショナル程度の穏やかなものならよいが、往々にしてエキセントリック、ヒステリックになる。これは人間の器《うつわ》が小さいということにほかならない。そこで憤を発して食を忘れる反面に、「楽しんで以て憂を忘れる」、言い換えれば余裕がなければいけない。だいたい発憤するのは、それはいけない、こうでなければならぬ、という時であるから、人間がせまりやすい。ということは楽しみを失いやすいということである。だから「楽しんで以て憂を忘れる」ところがなければならない。そうして「老の将に至らんとするを知らず」、自分が年老いてゆくことすら忘れておる。まあ、これだけのことだ、孔子という人間は、というわけです。

いかにも人間味豊かな、しかも孔子その人の本質に触れておる言葉でありまして、なるほど孔子とはそういう人であったか、と大いに共鳴を感ぜしめられる一節であります。

そこで、孔子という人はそういう人であったかとわかってみると、あるいはそういう点

もあったであろうと思われることが一つある。それは孔子が老子に会った時の話でありま
す。『史記』の「孔子世家《せいか》」を読むと、孔子は老子と会見して、問答をしております。こ
れは考証的にいうと問題で、はたして老子は名のごとく孔子の先輩であるのか、それとも
同時代、あるいは逆に老子の方が後ではないのか、などといろいろ議論があり、そもそも
老子の実在そのものがはっきりしないところがある。しかしそういう考証的なことを離れ
れば、実に面白い。もちろん老子を大先輩として、そこへ年若き孔子が訪ねて行ったこと
になっておる。その時に老子が、

「子の驕気《きょうき》と多欲と態色《たいしょく》と淫志《いんし》とを去れ、是れ皆、子の身に益無し」

と孔子に訓誡を与えた。俺が俺がという態度が「驕気」、それから「多欲」、「態色」は
ゼスチュア、なんでもかんでもやってのけようというのが「淫志」です。これを孔孟派の
人々は嫌がって、老子に反感を持つのでありますが、私どもから言わせると、決して孔子
を傷つけるものではない。なるほど孔子の若い時にはそういう一面もあったであろうと思
われる。しかしこういう烈々たるものを持ちながら、ヒステリックにもならず、ゆったり
と、焦らず、躁《さわ》がずに、自己を練って、次第に円熟に持って行ったところに孔子のまた偉
いところがある。

孔子というと、道徳の乾物《ひもの》のように考えておる人が多いのですが、実際は正反対で、孔子は最も偉大な人間通である。論語を読んでもそのことがよくわかる。ずいぶん面白いことが書かれております。

博奕は無為徒食に勝る

子曰《しいわ》く、飽食終日、心を用うる無きは、難《かた》いかな。博奕《ばくえき》なるもの有らずや、これを為《な》すは猶已《なおや》むに賢《まさ》れり。〔陽貨《ようか》第十七〕

子曰、飽食終日、無所用心、難矣哉。不有博奕者乎、爲之猶賢乎已。

《孔子が言われた、「腹いっぱい食って、一日中のらりくらりして一向に心を働かさないというのは何とも困ったものだ。それなら博奕―双六《すごろく》や碁・将棋といった勝負事があるではないか、まだその勝負事でもやった方が何もしないでごろごろしておるよりもましだ」と》

孔子が世間の普通の人が考えておるような人であれば、なかなかこういう言葉は言えぬはずであります。

義に疎くて小ざかしい人間

子曰《しいわ》く、群居《ぐんきょ》終日、言《げん》、義《ぎ》に及ばず、好んで小慧《しょうけい》を行なう、難《かた》いかな。

子曰、羣居終日、言不及義、好行小慧、難矣哉。

〔衛霊公《えいれいこう》第十五〕

《孔子が言われた、「さまざまな人間が一日中大勢集まっておって、話が少しも道義のことに及ばない、そうして小ざかしいことを好んでやっておるのは、本当に困ったものである」》

痛い言葉ですね。何とかクラブというようなところへ行ってみると、よくわかる。忙しい忙しいと言いながら大勢集まって、あちらでは碁を打っておるかと思うと、こちらではつまらぬことをべらべらしゃべっておる。せっかくの会合だからというので行ったのに、いつまでたってもそれらしい話が出てこない。そうして小智慧のまわるようなことをやってお茶をにごしておる。「小慧」は、小智慧がまわるとか、小才が利くとかいう意味です。こういう人間はどこに行ってもおるもので、日常生活・社会生活の中で我々の始終経験するところであります。肝腎のことにはさっぱり役に立たぬが、つまらぬことになると、ああ、それはこうすればよいのだ、というふうに小智慧のまわることや小才の利くことをやる。そういう人間は困ったものだ、と孔子は言われるのであります。が、確かにそのとおりでありまして、孔子という人は、いかに人間というもの、世間というものを知っておったかということがわかる。

女子と小人――近づければ無遠慮になり、遠ざければ怨む

子曰《しいわ》く、唯《た》だ女子と小人《しょうじん》とは養い難《がた》しと為《な》す。これを近づくれば則《すなわ》ち不孫《ふそん》（遜）、これを遠ざくれば則ち怨む。〔陽貨第十七〕

子曰、唯女子與小人、爲難養也。近之則不孫、遠之則怨。

《孔子が言われた、「女子と小人《しょうじん》とはまことに養いにくいものである。近づけると、狎《な》れて無遠慮になり、遠ざけると怨む」》

小人は、いつまでたっても人間として成長しない人、つまり普通の人という意味です。子供も、そういう点で未熟ですから、小人の中にはいる。この一節は、昔から世のフェミ

ニストたちによって攻撃されるのでありますが、これは攻撃する方が間違っておる。だいたい人間というものは、女子・小人に限らず、そういう傾向があるものです。よほど修養した人、出来た人は別として、そうでなければ、近づければ不遜になり、遠ざければ怨む。本当に始末の悪いものです。

四十で見切りをつけられる人間は、おしまい

> 子曰《しいわ》く、年四十にして悪《にく》まるるは、其れ終らんのみ。
> 子曰、年四十而見惡焉、其終也已。〔陽貨第十七〕

《孔子が言われた、「人間、年の四十にもなって、人から見切りをつけられるようでは、もうおしまいである」と》

「悪」は、いわゆる「にくむ」ではなくて、嫌悪《けんお》の悪、「見切りをつける」、「愛想をつかす」、という意味です。年の四十にもなって、人から「あれは駄目だね」と言われるようでは、もう人間もおしまいだというのでありますが、お互いを考えてみても、確かにそうですね。若い時はすべったり転んだりでいろいろあるけれども、年の四十にもなったら、

孔子の言われた不惑《ふわく》にもなったら、やはりその人相応に出来てくるのが本当です。「桃栗三年、柿八年」と言うが、桃や栗は三年栽培すれば、食える、実がなる。柿も八年栽培すれば、食える、実がなる。つまり、桃は桃なりに、柿は柿なりに、一通りものになるわけである。人間の四十歳というのは、人間がその人間なりにものになる年である。だからその年になったら、人から「さすがに四十になったら変わった。やはり見所があるなあ」と言われるようにならなければいけない。

その人間を最もよく表すものは顔ですね。リンカーンが大統領の時に親友の一人がある人物の採用を依頼した。ところがいつまでたっても採用してくれないので、リンカーンにその理由を尋ねたところが、「人相が気に入らぬ」と言う。それで「大統領ともあろうものが人相で採用を決めるとは何事か」と言って詰めよると、リンカーンは「いや、そうではない。人間は年の四十にもなれば、己れの面《つら》に責任がある」。こう言ってとうとうその人物を採用しなかったという。面は面相、人相です。すべてが人相に現れるのですから、その人間を知るのに人相くらい的確なものはない。だからリンカーンの言うように、人は四十にもなったらその人なりに、人相が出来なければいけない。

しかし人相といっても、面相だけが人相ではありません。身体のあらゆる部分に相があって、それをひっくるめて人相と言うのです。例えば、頭には頭相、手には手相、肩には肩相があり、また背中には背相、腹には腹相、臍《へそ》や尻にまでそれぞれ臍相、臀相というものがある。中でも背相などはいろいろ複雑な意味を持っておる。『孟子』に「面に見《あらわ》れ、背に盎《あふ》る」と書いてあるが、人の豊かさは面よりも肩に多く現れる。去りゆく人の後姿を見送って、肩が淋しいなどと言いますが、これは大いに意味がある。何か失望落胆しておるか、精神的肉体的に活力を失っておるか、それともいわゆる運が悪いか、いずれにしても何かが現れておるわけです。また肩は、げっそり落ちたのや、いかり肩はよくない。ふっくらとなだらかで、円満でなければいけない。肩肘を張るのは小人のやることです。

まあ、それはさておいて、何と言っても人相の代表的なものは顔、面相でありまして、すべてが顔に現れる。これについてはもうずいぶん前に、ベルリンの医科大学の皮膚科で東洋の人相の書物を集めて研究しておるということをご紹介して、お話ししたことがあります。我々の顔面皮膚——面皮というものは非常に敏感で、体内の機能の末梢部がすべてここに集中して、その過敏点で埋まっておるという。したがって善悪ともにすべてが顔に現れる。いわんや四十五十ともなると、その現れはもう決定的でありまして、正にリンカーンの言うごとく、己れの面に責任がある。孔子は本当によく人を観ております。

もう一つ、四十歳に関連した一節がある。

四十五十で名の出ぬ人間は畏るるに足らず

子曰《しいわ》く、後生畏《こうせいおそ》るべし。焉《いずく》んぞ来者《らいしゃ》の今に如《し》かざるを知らんや。四十五十にして聞《きこ》ゆる（あるいは聞く）こと無くんば、斯《こ》れ亦《また》畏るるに足《た》らざるのみ。〔子罕第九〕

子曰、後生可畏也。焉知來者之不如今也。四十五十而無聞焉、斯亦不足畏也已矣。

《孔子が言われた、「後生――後輩・後進というものは大いに畏敬しなければならない。後から来る者がどうして今の先輩に及ばないということがわかろうか。しかし、いかに有望な後生でも、四十五十になって世間の評判にならぬようならば、これは畏敬するに足らない」と》

まことに感慨の深い言葉であります。とかく人間というものは、自分が偉いと己惚《うぬぼ》れて、若い者のあら探しをやるものであるが、さすがに孔子は違う。何も先輩が偉いと決まったものではない、それどころか後生の中からどんな偉い者が出てくるかわからぬと言われる。これだけでも孔子という人は、いかに偏見や己惚れのない人であったか、また、いかに青年に期待をかけておったか、ということがよくわかる。

しかし、いかに有望な後生でも、「四十五十にして聞ゆる無きは」、世間の評判にならぬようでは、これは畏敬するに足らぬと言う。古来、この「聞ゆるなきは」の「無聞」の二字についてはいろいろ注釈があって、一般にはただいまのように、「聞ゆる無きは」と読んで、「評判にならぬのは」と解釈されておるのでありますが、もう一つ代表的なものに、「聞く無きは」と読んで、「道を聞こうとしないのは」とする説がある。人間、若い時は仕方がないが、四十五十にもなって、人の大事な道を聞こうとしないような者は、これは畏敬するに足らぬというのです。この方が意味が深いですね。

ところが、こういう説がまたある。別に「聞く無きは」と読まなくても、「聞ゆる無きは」と読んで、もっと進めた意味に解釈すればよいというのです。つまり人間というものは、たとえいかなる地位・境遇にあろうとも、四十五十になってその人なりに人間が出来てくると、必ずその居るところ、居る範囲において、人の目につくものである、評判になるものである。だからその年になって存在がわからないような人間は、畏敬するに足らない。こう解釈するのが真実ではないかというのです。

これも味のある解釈でありまして、確かに事実だと思う。とにかく人間というものは、何も求めずにただ自分の学問・修業に生きておるだけでも、やはり四十五十となってくると、必ず心ある者は目をつける。これは農業であろうが商売であろうが、学問であろうが何であろうが、同じことであります。いかに無心にやっておっても、いや、無心にこつこつやっておる人ほど、四十五十ともなると、それだけ歳月を重ねて大成しますから、必ず世間は黙っていない。「盲目千人、目明千人」の諺《ことわざ》のとおり、やがて誰かが目をつけるようになる。こういうふうに意味を深めるならば、「聞ゆる無きは」と読むことも決して浅解ではない、と私は思う。

いずれにしても、これはたいそう意味の深い言葉で、それだけによほど注意して解釈しないと、人を誤る。と同時にこの言葉は我々自身大いに反省しなければならない。というのは、名利など一切求めずに無心に生きるということは、なるほどよいことではある。がしかし、孔子の言われるように、また、さきほどのリンカーンの言葉も同じことでありますが、やはり人間というものは、四十五十にもなったら知己――己れを知ってくれる者を持たなければいけない。また、あるのが本当で、それがないというのは、その人の不徳である。そういう意味から言って、世にすねるような生き方は本当の道ではない。よく自負心の強い者は、四十五十にして聞ゆる無しとなると、世をすねて、自らを高しとし、人の己れを知らざるを咎めて、だんだん世に背いてゆくのであるが、これは大きな誤りである。そういう反省が一つなければならない。こういうところが孔子の人間学の純粋で豊かな点であります。

人間というものは本当に難しいものでありますが、その難しさを孔子は次のように言うておる。なるほどと頭の下がる一節であります。

人の世の本質――共に立ち難く、共に権るべからず

子曰《しいわ》く、与《とも》に共《とも》に学ぶべし、未《いま》だ与に道を適《ゆ》くべからず。与に道を適くべし、未だ与に立つべからず。与に立つべし、未だ与に権《はか》るべからず。

子曰、可與共學、未可與適道。可與適道、未可與立。可與立、未可與權。〔子罕第九〕

一通り文字を逐《お》うて解釈致しますと、

《孔子が言われた「共に並んで学ぶことはできても、共に道をゆくことはできない。共に道をゆくことはできても、共に立つことはできない。共に立つことはできても、共に臨機応変、自由に問題を処理することはできない」》

というのでありますが、こういう通りいっぺんの解釈では皆さんは満足できますまい。「道」は、もちろん道徳の「道」には違いありませんが、必ずしもここでは道徳と限る必

要はない。もっと直接的に道と考えてよろしい。そもそも道とは、これによらなければ、人間が存在することができないもの、生活し行動してゆくことができないもの、そこで道と言う。したがって人間が生活するに当たって一番大事なことは何かと言うと、まず道をつけることですね。人生があれば必ず道がなければならぬ。道がなければ歩けない。また、したがって何物をも創造することができない。我々が常に歩く道も、いかに生くべきかという道も、根本は同じものである。それを「道」というと、何か難しい理論のように考えたり、日常生活からかけ離れたもののように思うのは、それこそ錯覚・俗解というものです。

ところが道を学ぶ人間は、とかく観念的・論理的・抽象的になって、実際から離れる、実人生から離れる。そこでその弊害を誡《いまし》めて、昔から禅僧などがよく手厳しい警告の仕方をやっておる。例えば趙州和尚に雲水（修行僧）が「道とは何ですか」と言って尋ねた。和尚答えて言う「牆外底《しょうがいてい》！――道ならそこの垣根の外にあるではないか」。「私の尋ねておるのはそんな道ではありません、大道です」。「大道長安に通る――大道か、それならあの道だ。都の長安に通じておる」。今なら名神国道とか、東名国道とかいうところですが、これはつまり観念や論理の遊戯に堕することを誡めたものであります。

まあ、それはさておいて、こういうふうに一堂に会して共に学ぶということは、志《こころざし》さえあれば誰でもできることです。しかし同学だから同窓だからというて、一緒に道が歩けるかというと、人間というものはそう簡単なものではない。一家の中を考えてもよくわかる。早い話がテレビを一つ見るにしても、同じものを見るということはいわゆる共に道をゆくことにはいるわけですが、親父がこれを見ようと言うたら、家族は皆それに同調するかというと、なかなかそうではない。倅《せがれ》は倅で別に見たいものがある。孫は孫で漫画を見たがる、ということでそれぞれ違う道をゆこうとする。いわんや複雑な人間問題、人生問題となると、とうてい共にゆけるものではない。

が、その難しい道を共にゆくことができるとしても、それで万事片づくかというと、決してそうではない、共に立つことができない。立つということは、一つのところに静止することである。安立することである。例えば男女共学ということで、一つの学校で共に男女が机を並べて勉強する。これは簡単であるが、その男女が同じ道をゆくことは容易ではない。しかしそれもできぬことではない。同じ大学にはいって、同じように国文学なら国文学、英文学なら英文学をやる。つまり同じ道をゆくわけです。そこでそれならいっそ結婚しようということになると——結婚は一つのところに共に立つことです——今度はそう簡単ではない。この頃はよく「恋愛はするけれども、結婚は嫌だ」などと言う。もちろん恋愛というものをご都合よく考えておる軽薄人間の言うことでありますが、しかし一面これはもっともな言葉である。というのは恋愛と、実際に家庭というものをつくってその中に暮らす、安立するという結婚とは、まるで違うからである。気の向いた時にデートして、ある時間、ある場所で楽しむ、ということは誰でもやれるが、明けても暮れても、しかも一生をかけて、一つの家に共に暮らすということは、とうてい軽薄な考えでできることではない。いずれにしても、共に立つということは難しいことである。

しかし、その難しい「共に立つ」ということもまだできる。けれども共に立つことができるからというて、共に権《はか》ることができるかというと、これは実に難しい。「権」はいろいろの変化に応じてゆくという意味です。人世のことは千変万化ですから、常に権らなければいけない。ところが人間はこれがうまくできないために、大昔から今日まで相《あい》も変わらずに問題を起こしておるわけである。政治家も、役人も、商人も、みなしかり。毎日の新聞を見ておっても、盛んに「権」の誤りが目につく。宅地の問題にしても、米価の問題にしても、つまるところは「権」を誤るところから起こっておる。複雑な社会において正しく公平に秤《しょう》定してゆくことは本当に難しいものであります。結婚も同じこと、せっかく恋愛をして結婚したが、即ち共に道をゆき、共に立ったのはよいが、さて複雑な世の中に処して共に権ってゆく段階となると、夫婦の考え方や為さんとするところが違って、いろいろと問題が起こる。しっくりと呼吸が合うようにやってゆくには、双方がよほど修養しないといけない。我《が》や欲があるうちは、亭主と女房の言うことが反対になる。女房の欲するところ亭主には不満である、というようなことになってうまくゆかない。
人の世の現象は千変万化であるが、こういうふうに本質にはいって説かれると、極めて簡単・簡明であります（一四九頁の同文解説参照）。

君子の条件――誠実〈内的規範〉と礼〈外的規範〉

子曰《しいわ》く、質、文に勝てば則《すなわ》ち野《や》。文、質に勝てば則ち史《し》。文質彬彬《ひんぴん》として、然《しか》る後《のち》に君子なり。〔雍也《ようや》第六〕
子曰、質勝文則野。文勝質則史。文質彬彬、然後君子也。

《孔子が言われた、「誠実・質朴というような内実が外貌のあや・かざりよりも強ければ粗野、あや・かざりが内実よりも強ければ、朝廷の文書を司る史官と同じで、礼にはかなっておっても誠実さに欠ける。文と質とがうまく調和して、初めて君子と言える」》
人間には「質」と「文」とがある。「質」は言うまでもなく内に実存するもの、即ち内実であり、内実の表現が「文」にほかならない。だから文はあや・かざりである。人間に限らず万物はみな文と質との両面を持っておる。例えば窓外に見える草木、青々とした色といい、形といい、いかにもみずみずしい。春ともなれば、そこにまた花が咲き、実がなり、いろいろ変化もある。すべてこれ文である。枝も葉も根に蓄えられておるエネルギーが幹を通じて発現したものである。地中に隠れておるところの根は内実そのものである。また根の直接の表現である幹も、これは外形には違いないけれども、一番内実に近いものである。しかし、内実というものは元来無限性のものであるけれども、それが外に現れるほど有限的なものになる。しかも外に現れる表現というものは、これは内実が現れるのであるから実現には違いないけれども、表現は常に実現ではない。草木で言うと、草木が成長・繁茂するということは、それだけ内実であるエネルギーを消費することであるから、度を越して繁茂すると、根幹が弱る。逆にエネルギーが隠れて表現の力が弱ると、これは萎縮ということになって、実現にならない。そこでどうしても枝葉を剪定《せんてい》したり、余分な花や実をもぎったりして、内実と表現のバランスを計り、実現になるようにしなければならない。

木の五衰といって、植木栽培の哲学がある。幸田露伴も『洗心廣録』という本の中で面白く説いておりますが、木の衰える原因を五つ挙げて、いましめておるわけです。まず衰えの始まりは懐《ふところ》の蒸《む》れ。枝葉が繁茂すると、日当りや風通しが悪くなって、懐が蒸れる。

懐が蒸れると、どうしても虫がつく。そうして木が弱って伸びが止まる。これを梢止《うら》まりという。伸びが止まると、やがて根上がり、裾《すそ》上《あ》がりといって根が地表へ出て来る。そうなると必ずてっぺんから枯れ始める。いわゆる梢《うら》枯《が》れというものです。これが五衰でありますが、中でも根上がり、裾上がりが一番いけない。そこで土をかけたりして、出来るだけ根が深くなるようにしてやるわけです。この現象は花の咲く木も、実のなる木もみな同じことでありますが、特に人間から言って名木というような木ほど陥りやすいものである。

　人間も木と同じことですね。少し財産だの、地位だの、名誉だの、というようなものが出来て社会的存在が聞こえてくると、懐の蒸れといっしょで、いい気になって、真理を聞かなくなる、道を学ばなくなる。つまり風通しや日当りが悪くなるわけです。よく言われることですが、「名士というものは名士になるまでが名士であって、名士になるにしたがって迷士になる」などと申しますが、本当にそうですね。そうなるといろいろ虫に喰われて、つまらぬ事件などを起こし、意外に早く進歩が止まって、やがて根が浮き上がり、最後には倒れてしまう。実業家と称する者を見ても、政治家と称する者を見ても、あるいは学者だの、芸術家だのと称する者を見ても、およそ名士というようなものはそういうものであります。

　したがって人間はやはり、真理を学び、道を行ずることがどうしても必要であります。

これを忘れると駄目になる。スターリンの悲劇的な最後を見ればよくわかる。毛沢東またしかりで、正に型の如き過程であゝいう結末に到っておる。彼らは初めのうちは確かに英邁であった。ところが権力を握るようになるにしたがって、次第に堕落・頽廃の道を盲進し、ついには晩節を誤って、あゝいうことになってしまったわけである。彼らのすることは歴史上の暴君・奸物と少しも変わらない。権力に驕り、わがままを振る舞い、人を疑い、人を殺《あや》め、女房・子供まで相容《あいい》れなくなって、そのために多くの妻を替えては、これを放逐したり、斬殺したりしておる。全く人間としてもなっていない。

しかしどういうものか日本の批評家なるものは、毛沢東などのそういう点については少しも論じない。おそらく決定的に没落でもすれば、俄然《がぜん》としてやるだろうと思うのでありますが、それまでは阿諛迎合《あゆげいごう》至らざるなしということで、なんとも卑しい限りであります。中にはわざわざ向こうまで出かけて行って、紅衛兵と同じように毛沢東語録を小脇に抱え、胸に札をぶら下げてついて廻る阿呆が、代議士やジャーナリストの中にも大勢おる。そういう点を考えてくると、本当の偉人というものは、真人というものは、名誉や権勢の人の中にはなくて、かえって無名の人の中にある。したがって人間は、権勢よりも、もっと本当のもの・真実のものを求めて、それで偉くならなければならないのであります。

第三章　理想的人間像――晏子、子産、周公、蘧伯玉

斉の名宰相・晏子

若き頃、と言いましても、三十代の終わりか、四十代の初めでありますが、孔子が斉《せい》の国に迎えられて、大いに用いられようとしたことがある。その時のことを記したのが、次の一節であります。

> 斉《せい》の景公、孔子を待って曰《いわ》く、季氏《きし》の若《ごと》きは則《すなわ》ち吾れ能《あた》わず、季孟の間を以て之《これ》を待たん。曰く、吾れ老いたり、用うること能わざるなり。孔子行《さ》る。〔微子《びし》第十八〕
>
> 齊景公待孔子曰、若季氏則吾不能、以季孟之間待之。曰、吾老矣、不能用也。孔子行。

《斉の景公が孔子を待遇するのに、「魯《ろ》の国の三卿の中でも貴い上卿《じょうけい》の季《き》氏と同じような

待遇はできないが、季氏と下卿の孟《もう》氏との中間の待遇を致しましょう」と言った。そうして「私も、もう年をとった。とうてい用いることはできない」と言ったので、孔子は斉を去った》

魯の桓公《かんこう》には四人の男子があって、長子は後を継ぎ、次男の孟、三男の叔《しゆく》、末子の季の三人はそれぞれ内乱を起こしたが、結局季が一番成功して、魯の上卿となり、次男の孟よりも高い地位におった。その季と孟との中間の待遇をしよう、ということを景公が孔子に持ち出したわけですが、そのすぐ後から、「私も、もう年をとったから、とても用いることはできない」と言ったので、孔子は斉の国を去ったというのであります。

いかにも待遇が不満で、孔子が去ったように解せられないこともない。しかし孔子ともあろう人が、いくら若い頃の話であるとはいっても、――孔子が斉に行ったのは、四十歳頃というのが通説でありますが、考証学的には、それよりも若干若くて、三十代の終わりというのが本当らしい――待遇が不満で去ったとは、とうてい考えられない。そこで、この一節はどうもあやしい、という学者もあるわけであります。

しかし孔子が斉に行ったということは事実であり、当時すでに孔子の令名は諸国に聞こえておりましたから、斉の国において重く用いられようとしたこともあったであろう、ということは決して考えられぬことではない。それに景公という人は、どちらかと言うと、明君というよりは暗君の方であったが、今日の言葉で言うと、たいそう文芸趣味の人で、それだけに人間味の豊かな人であった。だから令名の高い孔子に望みを嘱して、大いにこれを用いようとしたことは、十分に考えられることである。とすると、孔子が斉の国を去ったのには、ほかの理由があるはずであります。

当時景公を輔佐した人に、晏子《あんし》という名高い名宰相があります。景公がとにもかくにも乱世にその地位を全《まっと》うすることができたのは、晏子のお蔭でありますが、その晏子が孔子を用うることにあまり賛成ではなかったので、景公も晏子の心を察して、孔子を尊敬したけれども、さほど立ち入って話をしなくなった。それで孔子も諦めて、斉を去ったのだ、と推定されるわけです。しかし、もしそうだとしても、晏子という人は、決して己れの利益などを考えて反対するような人ではない。いつの時代でもそうでありますが、人を用いようとするような場合には、必ず反対者があるものでありまして、斉においても、もちろんあったに違いない。そういう連中が、晏子が孔子を用いることに進んで賛成ではないのを知って、得たり賢しで、それを利用して、いかにも晏子が孔子を排斥したようにしてしまった、というのが真相であろうと思われる。事実その辺の事情が、『晏子春秋』を読むと、いくぶん窺われるのであります。

『晏子春秋』は、もちろん晏子を中心にして書かれたものでありますが、論語と同様、自身が書いたものではない。しかし実に妙味のある、人間味豊かな書物でありまして、私も愛読書の一つにしておりますが、本当に自分の蒙が啓《ひら》かれる書物であります。これを読むと、晏子は孔子よりも少し先輩で、孔子が五十くらいの時に、両者は斉で遇《お》うて、十年余り後には世を去っておるのでありますが、共に達人でありますから、両者相通じたことが到るところに現れておる。そういうところからみても、晏子は決して孔子に無理解であったり、あるいは、ことさら孔子の採用に反対したのではない。理想家で潔白な孔子と俗物官僚との合わぬことを知って首を捻ったということがよくわかります。むしろ斉の内情に照して、これを円満に片づけたと思われるのであります。

当時、斉の国内は実に複雑で、景公の前は代々暗殺され、景公の代になってもなお実力者の間に、暗殺やら、クーデターのようなものが絶えず渦巻いておった。その中にあって、晏子は堂々と宰相の地位にあって、動かぬ権威を以て景公を輔佐し、いずれにも味方することなく、斉を無事に乱世から守り抜いたのであります。眼のない歴史家などが、その晏子を評して、世渡りの名人のように言うのでありますが、単なる智慧・才覚だけで、あの乱世を無事にくぐり抜けるなど、とうていできる芸当ではない。やはり人物・識見が勝《すぐ》れ、犯すべからざる権威があって、初めてできたことであります。晏子は、その教養・識見・人間味というような点に於て、実に孔子と相通ずるものがあります。だから『晏子春秋』

を読んでも、論語と似通ったところがたくさんある。その晏子のことが、論語にも一カ所出てまいります。

〈晏子〉久しく交わるほど尊敬される人

子曰《しいわ》く、晏平仲《あんぺいちゅう》、善《よ》く人と交わる。久しうして人、之を敬す。

子曰、晏平仲善與人交。久而人敬之。

〔公冶長《こうやちょう》第五〕

《孔子が言われた、「晏平仲は善く人と交わった。そうして久しく交われば交わるほど、人は晏平仲を尊敬した」》

「久しうして人、之を敬す」の人の字は、皇侃《おうがん》（六朝時代の学者。『論語義疏《ぎそ》』の著者）や文章博士《もんじょう》の清原家に伝わった論語本には、はいっておりますが、本によってはないものもあります。しかし「人」の字がないと、晏平仲が人を敬することになりますから、この場合はやはりなければ意味がない。晏平仲はもちろん晏子のことでありまして、平はおくり名、仲は字（おくり名と字が逆であるとする説もある）。名を嬰《えい》と言う。さきほども申しましたように、孔子よりも少し先輩であります。

本文はちょっと読むと、何でもないことのようでありますが、実に無限の味わいがありますね。人間は、交わらずには生きられない。社会的動物と言われる所以《ゆえん》もそこにあるわけですが、そのくせ本当の交わりというものはなかなかできないものであります。ただ人と交わるということであれば、誰もやる、またやらねばならぬこと、やらざるを得ぬことであります。が、それではどれだけ、本当の交わりをしておるか、善く交わっておるか、ということになると、たいていは少し交わると、文句が出る、面白くなくなる、というようなことで悪くなりがちである。したがって善交ということは、実に貴いことでありまして、晏平仲はその善交のできる人であったわけです。

しかもそれだけではない。さらにその上に、「久しうして人、之を敬す」――久しく交わるほど人は彼を尊敬したというのです。

この「久」ということがまた難しい。なかなか続かない。夫婦でも、鼻につくと言うて、しばらく同棲すると、言い争いをやる。親子兄弟でも、始終いっしょに暮らしておると、いさかいをする。仕事でもそうですね。久しくいっしょに同じ仕事をやるというのは、本当に難しいものです。いわんや人との交わりにおいてをや、でありまして、久しくなると、あらが見えやすい、嫌になりやすい。だから久しく交わって敬意を抱かせられるというのは、よほどその人間が偉いのである。と同時に交わる相手もまた心掛けがよいということができる。したがって孔子からかく評された晏子もさすがと思う。孔子なればこそこういう批評ができたのであり、また晏子なればこそこういう批評をされたと言える。

しかし世間には晏子のような人も少なくないと見えて、ここから「久敬」という熟語ができておる。とにかく晏子という人はそういう人で、斉の内外を問わず人々から畏敬されておる。だからクーデターや暗殺の渦巻く激流の中に、よく国君を維持することができたのであります。(二一六頁の同文解説参照)

世話のやける暗君、怒鳴りたくなる倅こそ、わが生き甲斐

晏子という人は、私生活には極めて無頓着な人で、「一狐裘《いっこきゅう》三十年」と書いてありますが、同じ皮ごろもを三十年も着古《きふる》して、平然としておったという。いわゆるシナ服というのは、今日の人民服を見てもわかりますが、昔から極めて粗末なものであります。その代わり中は贅沢に着る。すばらしい毛皮などを内側に着ておる。西洋人は外に着るが、中国人は中に着る、贅沢をする人ほど外に出さない。その方が温かくて、しかも長もちする。晏子はその内側に着る皮ごろもを三十年も着ておった。虎の皮だか、熊の皮だかわからぬが、いくら長持ちするといっても、宰相の地位にある人が三十年も着たきり雀というのは、よほど無頓着な人ですね。

また、夫婦関係もきれいで、生涯妾を持たなかった。あるとき景公が、「見受けるところ、お前の女房もだいぶくたびれて、あれでは気の毒だ。妾を持ったらどうだ」と言って奨めたところ、晏子は、

「なるほど、いかにも皺くちゃでみっともない女房には違いありませんが、それも私に連れ添うて苦労したためにああなりましたので……」

と言ってことわったという。世の女房どもが聞いたら、感激して涙をこぼすような話でありますが、晏子にはそういうところがあった。

また『晏子春秋』には、この人と景公との面白い対話が書いてある。ある時二人でどこかへ遠出をした。景公が打ち解けて晏子に、「何か希望とか、願いとかいったものがあれば、一つ聞かせてくれ」と言うたら、晏子はこう答えた。

「自分を畏《おそ》れてくれるような君があり、自分を信じて生涯連れ添うてくれる妻があり、何か遺《のこ》してやろうと思うような伜《せがれ》がある、これが私の願いです」

と。面白いですね。「もうほかにはないか」。

「まだあります。せっかくお仕えするのですから、君は明君であってほしい。同じ娶《めと》るなら、才長《た》けて眉目《みめ》美しい妻がよろしい。あまり富まなくてもよいが、貧しいのもいけません。それに良い隣人が欲しいものです」

良隣などというと、団地生活をする人などは特に感じるでしょうね。この頃の団地生活・集団生活というようなものには、良隣など全くありません。悪隣もはなはだしいものです。

「まだあるか、あれば言うてみよ」景公がこう言うと、最後の答えがまた面白い。どこまで味のある言葉だろうと感心する。

「君ありて輔《たす》くべく、妻ありて去るべく、子ありて怒るべし」

明君よりは暗君、といっても手のつけられぬような暗君でも困るので、輔佐に世話のやける暗君、追い出したくなるような妻、時どき怒鳴りつけたくなるような倅、これが至極の願いだという。つまり慈悲のユーモラスな表現であるわけです。ちょっと凡人には言えぬ言葉であります。

あるとき景公が晏子に、政治の要諦を尋ねたところ、「政治に一番大切なことは、またしたがって最も心配すべきことは、善悪をわかたざること、はっきりせぬことだ」と言うておる。今日の日本などはその最もはなはだしいものでありまして、何が善で何が悪か、さっぱりはっきりしない。ソ連や中国との関係にしても、口を開けば、平和共存などと言うのでありますが、要するに善悪をわかたぬ思想から出る言葉にすぎない。その他何事にしても、まあまあということで、善悪をわかたずにごまかしてゆく。これくらい危ないことはない。さすがは名宰相の言葉であります。

この人が孔子を解しないはずはない、知らないはずはない。否、よく知ればこそ、他国人である孔子を用いるのは、複雑な斉の内情からみて、孔子にも気の毒であり、また斉のためにもならぬと判断して、その挙用に反対したと推定されるわけであります。

鄭の名宰相・子産

晏子よりもさらに先輩で、孔子が深く傾倒し、また少なからず影響を受けておると思われる名宰相がある。それは論語にもしばしば出てくる子産《しさん》であります。子産は晋《しん》の都・洛《らく》陽《よう》に最も近い鄭《てい》の国の宰相でありますが、孔子が三十一歳の時に亡くなっております。子産が亡くなった時に孔子は泣いた、と書いてありますから、よほど心服しておったとみえる。その子産について孔子はこう言っております。

〈子産の君子道〉恭、敬、恵、義

子《し》、子産《しさん》を謂《い》う、君子の道《みち》、四有《よつあ》り、其《そ》の己れを行うや恭《きょう》、其の上《かみ》に事《つか》うるや敬《けい》、其の民を養うや恵《けい》、其の民を使うや義《ぎ》。

〔公冶長《こうやちょう》第五〕

子謂子産、有君子之道四焉、其行己也恭、其事上也敬、其養民也惠、其使民也義。

《孔子が子産のことをこう言われた、「子産には君子の道が四つある。自分の他に対する行動はうやうやしく（恭は他に対する敬意の美しい表現）、上に仕えるにはうやまい（敬は自己が心より高きもの貴きものに向かうときの道徳的感情）、民衆を養うには恵み深く、民衆を使うには時・所のよろしきを得て行き届いておった（民衆を動員するのに、彼らのいろいろの生活条件を無視することなく、無理をせずに適当に使った、機宜を得たということです）。》

子産という人は、本当に出来た人で、絶対に無理をすることなく、それでいてどこまでも信念に基づいて、自分の考えを遂行してゆく力を持っておった。彼が初めて宰相になって、己れの信ずるところをどんどん行い出した時には、鄭国民の非常な反感を買い、怨嗟《えんさ》の的となって、ついには誰か子産をやっつける者はいないかという声まで起こった。ところがそれが数年たつと、いつの間にか逆になって、我々の生活をこういうふうに幸福にしてくれたのは子産である、という礼讃と感謝の声に変わったという。これはなかなか並の政治家などにできることではありません。

もし本当に己れが信ずるところの立派な政治を行おうとすれば、利己的で放縦な民衆、またその民衆の中にあっていろいろ私利私欲を行っておるような勢力と、必ずぶっつかる。

そうしてまず起こってくるのが反対の声であり、やがてそれが次第に圧力団体の動員となって、脅迫行動・暴力行動といったものが続出してくる。この時にたいていの政治家はまいる。それを子産は毅然として闘い抜き、しかも次第に認められ、逆に感激されるように持っていったというのは、よく出来たものだと感心する。ことに戦後の政治家・内閣などを見ればよくわかりますが、みな反対勢力に弱い。反対勢力が強く、かつ巧妙に戦術的に行われる時など、歯がゆいくらいに弱くなる。いちいち実例を観察してくると、現実が現実だけに、子産という人は、いかに偉い人であったか、また政治家としても、いかに勝れておったか、ということがよくわかります。これによっても、政権はまた持続ということが必要で、短命政権ではいけません。（二〇九頁参照）

もう一人、やはり孔子の先輩で、極めて特色のある、変わった風格を持った政治家がある。それは甯武子《ねいぶし》という人です。

〈甯武子の処世術〉邦に道なければ愚

子曰《しいわ》く、甯武子《ねいぶし》、邦《くに》に道有れば則《すなわ》ち知、邦に道無ければ則ち愚《ぐ》。其《そ》の知及ぶべきなり、其の愚及ぶべからざるなり。

子曰、甯武子、邦有道則知、邦無道則愚。其知可及也、其愚不可及也。

〔公冶長第五〕

《孔子が言われた、「甯武子は、国に道がある時は智を発揮し、国に道がない時は愚になった。その智は真似することはできるが、その愚はとうてい真似ることができない」》

甯武子は、春秋初期の人で、衛《えい》の国の大夫《たいふ》である。武はおくり名で、名は兪という。孔子よりも百年あまり前の人ですから、子産よりもさらに先輩であります。本文は批評であるとともに、孔子の甯武子礼讃でもあるわけですが、これがまた、論語読みの論語知らずと言うか、耳学問・聞き学問のせいか、世間の人はたいへん誤解しておる。

即ち「其の愚及ぶべからざるなり」を、その馬鹿さ加減が話にならぬ、というふうに解釈するわけです。が、本当の意味はそうではなくて、これは讃嘆の言葉である。知は——頭が良いとか、気が利くというようなことは、五十歩百歩で、決して真似できぬことではない、学んで到り得ぬことではない。けれども人間というものはなかなか愚――馬鹿にはなれぬものであります。甯武子という人は、人の真似のできない馬鹿になれた人だというのです。これは世間の苦労をしてきた人ほどよくわかる。人間にとって知は、もちろん本来は望ましいことであるけれども、人間性の本質の問題から言うならば、それほど大事ではない、むしろ大いに警戒を要することである。これについてはもう皆さんは十分ご承知のことであります。ただこのような味わいの深い語、真理の語も、往々にして浅解することが多い、ということだけは気をつけておかれるとよろしい。（二二七頁の同文解説参照）

例えば論語で申しますと、よくぶっつかるのは「民は之《これ》を由《よ》らしむべし、之を知らしむべからず」という有名な語であります。たいていはこれを、「民衆というものは、服従させておけばよいので、知らせてはいけない、智慧をつけてはいけない」と全く逆の解釈をしておる。そうして孔子などというのは、およそ非民主的な人間で、封建制度の代弁者にすぎない、というようなよけいな注釈までつけるのですから、ますます滑稽であります。そういうことを言う人はどれだけ頭が良いかしれぬが、いやしくも何千年来、聖人と言われ、人類の師と仰がれてきた人が、「民衆というものは、服従させておけばよい、智慧をつけてはいけない」というような馬鹿なことを言うかどうか、少し考えてみればわかるはずであります。

要するに「民は之を由らしむべし」とは、「まず以て民衆を信頼させよ、政治というもの、政治家というものは、何より民衆の信頼が第一だ」ということで、この場合の「べし」は「……せしめよ」という命令の「べし」である。また、「之を知らしむべからず」のべしは、可能・不可能のべしで、知らせることはできない、理解させることは難しいという意味である。民衆というものはみな、自己自身の欲望だの、目先の利害だのに捉えられて、本質的なことや遠大なことはわからない、個々の利害を離れた全体というようなことは考えない。したがってそれを理解させるということは、ほとんど不可能に近い。できるだけ理解させるようにしなければならぬことは言うまでもないけれども、それはできない相談である。そこで、とりあえず民衆が、何だかよくわからぬけれども、あの人の言うことだから間違いなかろう、自分はあの人を信頼してついてゆくのだ、というふうに持ってゆくのが政治だ――と、これは政治家に与えた教訓であって、決して民衆に加えた批評ではない。人間というもの、民衆というものの実情は、確かにそのとおりでありまして、今日も二千年前の孔子の時代と少しも変わらない。この語がそのまま当てはまる。（一四八頁、二二九頁の説明参照）

孔子の理想像・周公旦――東洋人は、過去を通して未来を考える

孔子が一番理想としたのは、周の革命・建設の偉大な指導者であった周公旦《しゅうこうたん》であります。周公旦、旦は名で、姓は姫《き》と言い、周の武王の弟であります。武王という人は実に幸福な人で、本人ももちろん偉かったけれども、とにかく大勢の立派な兄弟や家来に恵まれておった。中でも偉かったのがこの周公旦と、そのまた弟の召公奭《しょうこうせき》であります。特に周公旦は孔子の生まれた魯の国に封ぜられたということもあって、孔子は人間的・政治的理想を周公旦にかけたわけであります。

> 子《し》曰《いわ》く、甚だしいかな、吾が衰えたるや。久しきかな、吾れ復《また》夢に周公《しゅうこう》を見ざるなり。〔述而《じゅつじ》第七〕
>
> 子曰、甚矣、吾衰也。久矣、吾不復夢見周公也。

《孔子が言われた、「何とはなはだしいことだ、私の衰えたのも。もうずいぶん久しいなあ、私がもはや夢に周公を見なくなってから」》

いかなる時代でも、人間味豊かな、人道的精神に純な人ほど、理想というものを描く。そういう理想の形態を、この悩みの多い人生・世の中に対して、ユートピアと言う。しかしこれは西洋人の言うことです。東洋民族と西洋民族、アジア人とヨーロッパ人とでは、それぞれに特徴があって、理想に対する考え方もだいぶ違います。ヨーロッパ人は理想というものを前にかける、未来に描く。これがユートピアであり、イメージ・ビジョンというものです。ところが東洋人は、もちろん我々日本人もその傾向が強いのでありますが、特に東洋人の代表である中国民族は、ただ単に理想を前にかける、次代に望む、というだけでは満足できない。ユートピアであればあるほど、イメージ・ビジョンであればあるほど、それはすでに自分たちの偉大な祖先によって実現されたもの、試験済みのもの、と観念したい――そういう要望を持つ。これをよく復古主義などと言うのでありますが、しかしこれは単に過去に憧憬《あこが》れるとか、懐古趣味とか、いうものではない。その実は後を向いて前を見ておる。過去を通して未来を考えておるのです。

孔子はその理想を周公に見た。孔子が周公を論ずる、あこがれるというのは、いかに熱烈にユートピアというものを自分自身に持っておったかということにほかならない。これは孔子の熱烈なユートピアであり、イメージ・ビジョンである。それがわからなければ、孔子の周公にあこがれたことがわからない。しかも始終周公を夢に見ておったというのですから、そのあこがれ方は推して知るべしであります。そういう点から考えても孔子という人は、本当に真剣な理想追求の人であり、また真剣な求道者であった、ということがよくわかる。何事であれ、人間は真剣になると、夢に見る。夢に見るくらいでないと真剣でない。

夢というものは実に神秘なものでありまして、そもそも夢を見るということは、我々は永遠の存在であるということの証拠であると言える。物質が不滅であるごとく、我々の存在も、精神の働きも、不滅である。我々がいっぺん言うたこと、行うたことは決して無くならない、厳として存在しておる。ただ忘れるだけである。存在しておるから、思い出すこともできる、また夢にも見るのです。

この頃西洋の医学者・科学者が、夢だとか、息――呼吸だとか、いうようなものの研究を盛んにやるようになって、古来東洋独特の学問や心境に肉薄してきておりますが、肝腎の東洋の方はそういうものをみな忘れてしまっておる。これは大いに反省をしなければならぬことであります。夢にしても、息にしても、大変面白い問題で、私も研究したいと思うが、なかなかそこまで手が廻りません。どうも人間というものは、思うことの何分の一、何十分の一もできぬものらしい。私なども、やりたいことが山ほどあって、百歳、二百歳まで生きても、欠伸《あくび》しないほど問題を持っておる。そういうことを考えると、死ぬのが惜しいような気もする。と言うてそう長く生きるわけにもいかぬし、また死んでみたらどんな面白いことになるかもしれぬから、どうでもよいと思っておるが、とにかく夢というものは本当に興味の深いものであります。

いずれにしても、孔子が周公を始終夢に見ておったということは、言い換えれば孔子という人は、いかに熱烈に民族・人類のユートピア、今日の言葉で言うならば、究極の社会というものを描いておったか、その実現に思いを凝《こ》らしておったか、ということでありま す。そういう理想の社会を描いたという点で誰もがすぐに思い出すのは、マルクスでありましょう。マルクスは前世紀の後半に出た人であるが、彼は労働階級・下層階級の窮迫・困窮を深刻に解明して、人間社会の究極の在り方を描き、階級や搾取のない自由平等の共産主義社会というものを考えるに到った。そうしてそこへ到達する過程として、階級闘争だの、私有財産の廃棄だの、というような理論を考え出した。そこでマルクスの末流は、共産主義者というものは、一応人類社会の到達すべき目標を彼らなりに描いておる。ところが人間というもの、人間社会というものは、まことに複雑で、決して彼らのイデオロギーの公式どおりに簡単にゆくものではない。そこには大きな誤解や浅解がある。したがってそういうことが次第に解明されて、もう今日では心ある者はみなマルクス主義を問題にしない。(二四六頁参照)

驕慢でケチな人間は論ずるに足らない

もう一つ、論語の中で周公に関して逸することのできない文章があります。

子曰《しいわ》く、如《も》し周公の才の美有るも、驕《きょう》且《か》つ吝《りん》ならしめば、其《そ》の余《よ》は観《み》るに足らざるのみ。〔泰伯《たいはく》第八〕

子曰、如有周公之才之美、使驕且吝、其餘不足觀也已。

《孔子が言われた、「たとい周公のような才能の美があっても、人に驕《おご》り且《か》つ吝嗇《りんしょく》であったならば、そのほかのことは観るまでもない」》

孔子の、人間というものに下された力強い断案であります。いかに孔子の見識が的確であり、また徹底しておったか、ということがよくわかる。と同時に、これは人間として見落としてはならない大事な一点であります。周公のような人間の理想、革命・建設の大いなる経綸《けいりん》・手腕を具えた偉大な人間であっても、驕《きょう》かつ吝《りん》ならしめば駄目になってしまう。その余は論ずるに足らぬ。これは人間の歴史が証明しております。例えばスターリンや毛沢東にしても、ある意味においては確かに周公に準ずる才の美を具えておる、偉大である。しかし彼らは周公と違って、正に「驕かつ吝」である。驕も吝もこれは仁の反対であるから、驕かつ吝であるということは、つまり徳がないということです。だから徳がないような人間は、ほかのことがいくらよくできても、論ずるに足らないということになるわけで

あります。（二二二頁の同文解説参照）

マルクスという人間もやっぱり驕かつ吝なる人間であります。私なども、学生時代からマルクス理論を教わり、また資本論のドイツ語の原書を輪読したりして、ずいぶん勉強したわけでありますが、さて、ふと気がついて、それではマルクスというのは、いったいどういう人間であるか、といろいろ丹念に調べてみると、いかにもどうも驕かつ吝はなはだしい人間である。そのためにすっかりマルクス主義というものに失望してしまった。しかし驕かつ吝というものは、決してマルクスばかりではない、共産主義者に共通する深刻な性格であります。スターリンや毛沢東などを見ましても、権力というものに対しては実に強烈な欲望を持ち、その権力を行使するに当たっては、情け容赦もない、まことに非人間的な性格を持っておる。だから驕かつ吝ならしめば、もうそのほかのことは論ずるに足らない。本当に孔子の言われるとおりであります。（注・マルクスについて、安岡著『運命を開く』二二九頁「マルクスの人間性」参照）

〈蘧伯玉〉行年五十にして四十九年の非を知る

最後にもう一人、孔子の先輩で是非皆さんにご紹介したい哲人宰相がある。それは衛の大夫・蘧伯玉《きょはくぎょく》です。孔子は蘧伯玉に対しても並々ならぬ敬意を懐《いだ》いておる。しかも衛に遊んで──蘧伯玉の晩年のことです──彼の家の厄介になっておる。さすがに孔子が敬慕されただけあって、蘧伯玉という人は本当に立派な人で、人間的に興味津々たる人物であります。

> 蘧伯玉《きょはくぎょく》、人を孔子に使いせしむ。孔子、之に坐を与えて問うて曰《いわ》く、夫子《ふうし》何をか為《な》す。対《こた》えて曰く、夫子は其の過《あやま》ちを寡《すく》くせんと欲して未《いま》だ能《あた》わざるなり。使者出《い》づ。子曰く、使《つか》いなるかな使いなるかな。〔憲問《けんもん》第十四〕
>
> 蘧伯玉使人於孔子。孔子與之坐而問焉、曰、夫子何爲。對曰、夫子欲寡其過而未能也。使者出。子曰、使乎使乎。

《蘧伯玉が孔子の許《もと》へ使者を出した。孔子は使者を座につかせて問うた、「夫子──蘧伯玉先生はどうしておられますか」。答えて言う、「先生は自分の過ちの少なからんことを欲して未だできないでおります」。使者が退出すると、孔子が言われた、「立派な使者だね、立派な使者だね」》

蘧伯玉が使いに出すだけあって、使者も立派なものであります。過ちのないようにと常にわが身を反省する主人蘧伯玉の人柄をよく弁《わきま》えて、答えるにもそつがない。その孔子も感嘆する蘧伯玉の反省ぶりを最もよく言い表しておるのが『淮南子《えなんじ》』の、蘧伯玉は、「行年五十にして四十九年の非を知る」

「六十にして六十化す」

という語であります。若いうちはあまりぴんと来ないが、だんだん年をとって、人間のこと、世のことに通じてくると、なるほどと身に沁む、味わい深い名言であります。人間というものは、年の五十にもなると、「五十にして天命を知る」と孔子も言うております
ように、俺も行き着くところに行き着いたか、とその人なりに自らを許すと言うか、肯定するようになる。つまりあきらめるわけです。「あきらめる」という語には消極・積極両用の意味がありますが、とにかく一種のあきらめに到達する。ことに駄目であったと思うような人は、「もう今さらあがいても仕様がない、一つ、伜でも仕込んで、立派な人間にしよう」というような消極的な考え方になりがちであります。

ところが蘧伯玉は、「行年五十にして四十九の非を知る」と言う。「非を知る」ということは否定することである。四十九年間の今までの生涯は駄目であった、と一応抹殺してしまうわけです。非を知り、否定し去って、初めて新しくやり直すことができる。なかなか普通の人間ではできぬことですね。下世話《げせわ》にも「自惚《うぬぼれ》とかさけのない者はおらぬ」と言うように、人間というものはどんな馬鹿でも、馬鹿は馬鹿なりに、やっぱり自負心がある。俺も満更《まんざら》ではないのだと思うておる。したがってその難しいことをなし得たということは、

蘧伯玉という人は五十になって、なお新規にやり直しのできた人であったということです。またそういう人であるから、「六十にして六十化す」、六十になったら、六十になっただけの変化をする。幾歳になっても、新鮮溌剌としておる。言うてみれば、えびのようなものです。めでたいこと限りがない。

なぜえびをめでたいことに使うかと言うと、えびの体が曲がっておるのを「お前百まで、わしゃ九十九まで、共に腰の曲がるまで」というような意味にひっかけて、それでめでたいのだと思っておる人が多いが、そうではない。えびというものは、生きておる限り殻を脱ぐ。殻を脱がなくなった時はえびの死ぬ時である。ということは、えびというものは、常に新鮮柔軟であるということです。だからめでたいのである。蘧伯玉という人はそういう人であったわけです。

第四章　孔子学園の俊秀たち――子路、顔回、子貢、曾参

孔門の四科十哲

前回で一応孔子の先輩についてのお話は終わりまして、今回からその門下生、弟子の人物像を探ってみようと思います。

さて、孔子の門下生といえば、論語中最も多く出てくるのが子路《しろ》であります。この前蘧《きょ》伯玉《はくぎょく》の話をした時に、孔子が衛《えい》に遊んで、彼の家を問うておる、ということを申したのでありますが、実はもう一カ所、この子路の妻の兄の家にも厄介になっております。子路は、姓を仲《ちゅう》と言い、名は由《ゆう》、子路は字《あざな》であります。また別の字を季路《きろ》とも言う、孔子の門下生の代表的な一人であります。

ご承知のように、孔子には大勢の門人がありましたが、中でもその代表的なものを、孔門の「四科十哲」と言うておる。これにはいろいろ異論もありますが、とにかく四つの科

に分けて、それぞれの科に勝《すぐ》れておった十人の人物を配してある。
　四科十哲〈先進《せんしん》第十一――子路《しろ》第十三参照〉
徳行〈徳が高くて、行いが立派なこと〉　顔淵《がんえん》・閔子騫《びんしけん》・冉伯牛《ぜんはくぎゅう》・仲弓《ちゅうきゅう》
言語〈特に社会的、政治的な思想・言論〉　宰我《さいが》・子貢《しこう》
政事〈政治活動〉　冉有《ぜんゆう》・季路《きろ》
文学〈学問・教養〉　子游《しゆう》・子夏《しか》

子路

　これが四科十哲でありまして、子路は季路の名で冉有と共に政治活動の代表に挙げられておる。孔子とは九つ違いで、門弟中の最年長者であったが、もともと政治活動のようなことをやっておった人で、それが孔子の感化によって弟子となったわけであります。『韓詩外伝』という書物には子路のことを「野人」と書いてある。野は、粗野、仕えないこと（浪人）、というような意味もありますが、この場合は、野にあって政治運動・思想運動というようなことをやっておったという意味であります。

　論語の中で子路に関して最初に出てくるのが為政《いせい》篇であります。

「知る」ことの意味

子曰《しいわ》く、由《ゆう》や、女《なんじ》（汝に同じ）に之《これ》を知るを誨《おし》えんか。之を知るを之を知ると為《な》し、知らざるを知らずと為す、是れ知るなり。

子曰、由、誨女知之乎。知之爲知之、不知爲不知、是知也。

〔為政《いせい》第二〕

《孔子が言われた、「由や、汝に本当の意味の『知る』ということを教えようか。知っておることは知っておるとなし、知らないことは知らないとなす、これが『知る』ということの意味である」》

子路の人物、性格を最もよく表しておるのが、副論語と言われる『孔子家語《こうしけご》』の「火烈にして剛直、性、鄙《ひ》にして変通に達せず」という語であります。きびきびして剛直であるが、品性が野《や》ぼったくて洗練したところがなく、物事の変化がわからないというのです。世の中というものは、裏もあれば、表もあって、変化極まりないが、子路にはその変化がわからなかった。つまり子路という人は、融通の利かない一本調子なところがあったわけです。それだけに、頼もしいところ、愛すべきところがあった。そういう物事にこだわらぬ子路のイメージを与えられるのが、次の一節であります。

身なりに無頓着な子路

子曰《しいわ》く、敝《やぶ》れたる縕袍《おんぼう》を衣《き》、狐貉《こかく》を衣たる者と立ちて恥じざる者は、其《そ》れ由《ゆう》か。〔子罕《しかん》第九〕

子曰、衣敝縕袍、與衣狐貉者立而不恥者、其由也與。

《孔子が言われた、「破れたよれよれの綿入れを着て、豪華な貉《むじな》の毛皮の服を着た人と並んで一向恥づかしがらぬ者は、まず由だろうね」》

たいていの人間は身なり、服装を気にするものでありますが、子路という人は豪放磊落《らいらく》というか、一向そういうことには無頓着であった。したがってそのために、ともすれば、困ることや、軽率なところもある。

勇気はあれど、手だてなし

子曰《しいわ》く、道行《みちおこな》われず、桴《いかだ》に乗りて海に浮かばん。我に従わん者は、其《そ》れ由《ゆう》か。子《し》路之《ろこれ》を聞いて喜ぶ。子曰く、由や、勇を好むこと我に過ぎたり。材を取る所無し。〔公冶長《こうやちょう》第五〕

子曰、道不行、乗桴浮于海。従我者其由也與。子路聞之喜。子曰、由也、好勇過我。無所取材。

《孔子が言われた、「道が行われない。いっそのこと、いかだ――舟にでも乗って海外に出たい。そういう時にわたしについて来る者はまず由であろうな」。子路はこれを聞いて喜んだ》先生はそこまで私を信じてくれておるか、というわけで子路はよほど嬉しかったとみえる。ところが孔子も人が悪い。《「由はそういう勇ましいことを好むことはわたしより上である。が、それではそのいかだをどうして仕立てるかとなると、子路にはそのてだてが無い」》

実に面白い。おりますね、こういう人間が……。勇ましいことはいくらでも言うが、それではどうするかというと、全く頼りにならない。「このままでは日本は駄目だ、何とかして大いなる革新をやらなければいかん」と言うから「それではその革新をどうやるのか」と訊《き》くと、「うーん」とつまってしまって、「後は誰かやるんだろう」と言う。これでは駄目であります。建設のない破壊はいけません。今日の日本にもこういう子路のような人間が実に多い。もっとも子路ほどの大物はめったにおりません、小型の子路が多いのであります。（一九五頁の同文解説参照）

書を読むばかりが学問ではない

子路《しろ》、子羔《しこう》をして費《ひ》の宰《さい》たらしむ。子曰《しいわ》く、夫《か》の人の子《こ》を賊《そこな》わん。子路曰く、民人有り、社稷《しゃしょく》有り、何ぞ必ずしも書を読みて然《しか》る後《のち》学と為《な》さん。子曰く、是の故に夫の佞者《ねいしゃ》を悪《にく》む。〔先進第十一〕

子路使子羔爲費宰。子曰、賊夫人之子。子路曰、有民人焉、有社稷焉、何必讀書然後爲學。子曰、是故惡夫佞者。

これは子路が孔子の推薦で、当時の魯《ろ》の国の実力者・季氏に仕えて、そこのある長官をしておった時の話であります。

《子路が子羔《しこう》という若者を費《ひ》というところの長官に任用した。孔子が「（一度にそういう地位につかせると）まだまだ修養しなければならぬ未熟な人の子を駄目にしてしまう」と言われた。そこで子路が「人民もあれば社稷《しゃしょく》（社は土地の神、稷は五穀の神、国家・社会を意味する）もあります。何も書物を読むことばかりが学問ではありますまい」。実践活動の中でも学問はできるというわけです。「それだから口の達者な人間はいかん」》

こういうふうに子路は時どき孔子にぶっつかる。それにしても、本を読むことばかりが学問でない、とは子路らしい。これについて論語にまたよい注釈がある。

〈君子の道〉己れを修めて百姓を安んず

子路《しろ》、君子を問う。子曰《しいわ》く、己れを脩《おさ》めて以て敬す。曰く、斯《か》くの如きのみか。曰く、己れを脩めて以て人を安んず。曰く、斯くの如きのみか。曰く、己れを脩めて以て百姓《ひゃくせい》を安んず。己れを脩めて以て百姓を安んずるは、堯《ぎょう》・舜《しゅん》も其れ猶諸《なおこれ》を病《や》めり。〔憲問《けんもん》第十四〕

子路問君子、子曰、脩己以敬。曰、如斯而已乎。曰、脩己以安人。曰、如斯而已乎。曰、脩己以安百姓。脩己以安百姓、堯舜其猶病諸。

《子路が君子のことを尋ねた》——君子には大きく分けて二つの意味がある。一つは、民衆に対して指導的立場にある人。今一つは、その立場にふさわしい人格・教養を持った人。普通にはこの二つを含めて君子というておる。——《孔子言う、「己れを修めて以て敬することである」と》敬ということは大変大事な問題でありますが、もともとあまり学問・修養というようなことの好きでない子路には、その大事さがわからない。それよりも実践活動をやる方が面白い。だから

《「それだけですか」。「己れを修めると同時に、他を安心・立命させることである」》

ここまではまだ道徳・修養の段階ですから、子路も満足しない。

《「それだけですか」。「己れを修めて、そうして天下万民を安心・立命させることである」》

天下万民を救うのでなければ、君子たる値打ちはない。本を読んで修養するなどということはつまらない。子路もこの言葉で初めて満足したことでしょう。ところが孔子は間髪を入れずこう言われた。

《「己れを修めて以て天下万民を安心・立命させるということは、理想の天子と言われる堯《ぎょう》・舜《しゅん》のような聖人でも病気になるほど苦しんだ」》

お前が考えておるような簡単なことではないのだ、というわけです。

左翼でも、右翼でも、そうですが、自分の修養というようなことは棚に上げておいて、政権でも握ったら、たちまち世の中をたたき直して、今にもユートピアが実現できるがごとく言う簡単居士がずいぶんおります。世の中というものはそんな簡単なものではない。子路にしても、季氏に仕えて、ある程度の政治的権力の座にも坐ったのでありますが、結局は思うようにゆかずに辞職して、孔子について各地を放浪しております。

こういう子路のような人は、往々にして気まぐれなところがある。物事を為《な》しても、最後まで続かない、途中で倦《う》んでしまう。

〈政治の要諦〉率先して骨折ることに倦むことなかれ

子路《しろ》、政《まつりごと》を問う。子曰《しいわ》く、之《これ》に先《さき》んじ之を労す。益《えき》を請《こ》う。曰く、倦《う》むこと無かれ。

子路問政。子曰、先之勞之。請益。曰、無倦。

〔子路第十三〕

《子路が政治についてお尋ねした。孔子言う、「先頭に立って骨を折ること、ねぎらうこ

とである」》

政治家というものは、何よりもまず民衆の先頭に立って骨を折らなければいけない。そうして彼らをねぎらうことを忘れてはいけない。

《「もっとありませんか」》孔子はいつでも簡にして要を得た答えをされる。だから子路は時どき、わからなかったり、簡単に考えたり、つまらなかったりする。この場合は民衆の先頭に立って骨を折るというのですから、子路にも少しわかる。わかるだけに「之に先んじ之を労す」るだけでは物足らない。もう少し聞かせてほしい。ところがそこは孔子でありまして、よく心得ております。

「倦むこと無かれ」《途中で嫌になってはいかんぞ、と言われた》

人間というものは、自分の思うようにならぬと、つい嫌になりがちであります。これは政治家に限らず、およそ人に長たる者の常に注意しなければならぬことであります。

我々の夫婦生活、家庭生活にしてもそうです。ともすれば倦みがちであります。女房が亭主の鼻につくと言うが、容易に倦んで、ふらふらとバーだの、カフェーだの、というようなところをほっつき歩く。家庭のいろいろの問題は、だいたいこの辺から起こってくる。あるいは学校へ行っても、学校に倦む。何か専門に勉強しても、時どき専門が嫌になる。私自身を考えてみても、始終倦む。ただ私は論語などを読んでおるものですから、自らこういう「倦むこと無かれ」というような語が頭に浮かんできて、またやり直しただけである。そういう意味から言うても、人間というものはやはり教えが与えられておらぬといけない。教えが与えられておると、倦んだら倦んだで、そこにまた予期せざる何かが与えられる。「倦むこと無かれ」という語は、極めて簡単なことのようだけれども、意味深遠というか、情理不尽というか、まことに味わいの深い言葉であります。

顔回

顔回《がんかい》——顔淵は、回は名、淵は字でありまして、どちらの呼び方でもよく知られております。いったい字というものは、まず名がつけられて、その後につけられるわけでありますが、必ずその名に関連してつけられる。顔回の字・淵を見てもよくわかります。回はめぐるで、淵はふち、即ち氵偏《へん》に、旁《つくり》の左右は土手、真ん中の一は水のめぐるさまを象《かたど》った文字でありますから、両者は大いに関係がある。こういうふうに字は名に関連してつけられるのが原則であります。そうしてその用い方でありますが、両親とか、先輩・師匠、というような人が呼ぶ時には名を使い、他人や友達の間においては字を使う。

そのほか、特に敬意を表してつけられるものに諱《いみな》というものがありますが、これは死後に用いる。あるいは通称と言って、代々の通り名をつけたり、幼名と言って、幼児の間だけそれに相応《ふさわ》しい名をつけることもある。とにかく中国人というのは、いろいろ名をつけることが好きでありまして、昔は日本でもだいぶ行われておりますが、中国ほどではありません。だからこういうことを知らぬ人は、顔回と顔淵とは別の人間だと思っておる。戦争中の話でありますが、汪精衛《おうせいえい》と汪兆銘《ちょうめい》（中国国民党の幹部。日本軍に擁せられて一九四〇年に南京政府を樹立）とは別人だと思っていた人がずいぶんおりました。それも中国に行っておる人の中にもおりまして、私も驚いたことがある。

まあ、名についてはそれくらいにしておきまして、顔回というと、非常に偉い人であったということと同時に大変な貧乏で、しかもその貧乏を一向気にすることなく超然としておった、ということが常識になっておる。確かに貧乏であったということは事実のようであります。それも親の代からの貧乏であります。お父さんの顔由《がんゆう》という人は孔子より六歳下であったと書いてありますが、さすがに回のお父さんだけあって、極めて恬淡《てんたん》な人で、それだけに貧乏をしたらしい。

顔回は孔子より三十ほど若かったが、不幸にして早死で、孔子よりも先に死んでおる。歿年については、三十三とする説と、列子のように四十二とする説とがあるが、いろいろな考証学者の研究したところによると、四十ないし四十二というのが正しいように思われる。もう二十歳代の頃から頭が真っ白であったと言われておりますが、あるいは貧乏のために栄養失調で白くなったのかもしれません。本当に立派な人で、その偉大さは篤実な人柄と相俟《あいま》って、味わえば味わうほど妙味のある人でありまして、これは修養もさることながら、天分も大いに与《あずか》ったと思われる。

皆さんもよくご承知のように、孔子は顔回が亡くなった時に慟哭《どうこく》しております。よほどこたえたらしい。というのもそれより少し早く、ほとんど時を同じくして、孔子は息子の鯉《り》を失っておりまして、それに続いて今度は最も愛した弟子に先立たれたのですから、悲しみも大きかったと思われる。しかしその孔子自身も、——顔回の亡くなった時はおそらく七十を越しておったと思われる。そして亡くなったのが七十三、あるいは七十四（私はこの方が正しいと思う）でありますから——本当に顔回の死後幾ばくもならずして世を去っておるわけであります。その顔回を孔子は次のように語っておる。

愚物に見えて愚ならず

子曰《しいわ》く、吾、回《かい》と言うこと終日、違《たが》わざること愚《ぐ》なるが如し。退《しりぞ》きて其《そ》の私《わたくし》を省《せい》すれば、亦以て発するに足る。回や愚ならず。〔為政第二〕

子曰、吾與回言終日、不違如愚。退而省其私、亦足以發。回也不愚。

《孔子が言われた、「回と終日話をしておっても、意見が違ったりすることが少しもなく、その従順なことは愚人のようである。しかし退いた後の彼の私生活ぶりを見ると、大いに啓発するに足るものがある。回は決して愚ではない」》

顔回は、終日話しておっても、はいはいと従順で、まるで愚物のようだけれども、決してそうではない、啓発するに足る人間であるという。実に味のあるところですね。師弟の間はもちろんのこと、兄弟、父子、夫婦の間も、こういうふうにありたいものであります。これは孔子の顔回評でありますが、今度は反対に顔回の孔子評であります。

顔回の見た孔子像——ついていけそうで追い越せない

顔淵《がんえん》・喟然《きぜん》として嘆じて曰《いわ》く、之《これ》を仰げば弥《いよいよ》高く、之を鑽《き》れば弥堅し。之を瞻《み》るに前に在り、忽焉《こつえん》として後《しり》えに在り。夫子《ふうし》循循然《じゅんじゅんぜん》として善《よ》く人を誘《いざな》う。我を博《ひろ》むるに文を以てし、我を約するに礼を以てす。罷《や》めんと欲すれども能《あた》わず。既に吾が才を竭《つく》す。立つ所有りて卓爾《たくじ》たるが如し。之に従わんと欲すと雖《いえど》も、由末《よしな》きのみ。

〔子罕第九〕

顔淵喟然嘆曰、仰之彌高、鑽之彌堅。瞻之在前、忽焉在後。夫子循循然善誘人。博我以文、約我以禮。欲罷不能。既竭吾才。如有所立卓爾。雖欲從之、末由也已。

《顔回が、いかにも感にたえぬといった様子でこう言った、「(孔子という方は)仰げば仰ぐほどいよいよ高くて、とうてい及ぶべくもない、切れば切るほどいよいよ堅くて歯が立たない。前におられるかと思うと、たちまち後におられる。そうして先生は身近におられて順序よく上手に人を導かれる。学問を以てわたくしを博く通ぜしめ、それが散漫にならぬよう礼を以てわたくしを統制させてくださる。止めようと思っても止めることはできない。すでにわたくしは自分のありったけの才能を尽くして先生について勉強してきた。しかしやっと追いついたかなと思うと、もう先生は及びもつかないような高いところに立っておられる。何とかついてゆこうと思っても、どうにもならない」》

本当の師、理想の師というものは、こういうふうでなければいけません。ぴったりとついてゆけそうで、追い越せそうで、なかなかそれができない。気がついてみると、もう先生はずうっと前を歩いておる。一段高いところにおって、とうてい及びもつかない。

心の通い合う師弟

子《し》、匡《きよう》に畏《い》す。顔淵後《おく》る。子曰《いわ》く、吾、女《なんじ》（汝に同じ）を以て死せりと為《な》す。曰く、子在《いま》す、回《かい》何ぞ敢《あ》えて死せん。

子畏於匡。顔淵後。子曰、吾以女為死矣。曰、子在、回何敢死。

〔先進第十一〕

顔回の孔子に対する情愛の深さを物語る一節であります。当時、魯の国の王室が衰えて、二、三の親藩が実権を握り、横暴と頽廃の限りを尽くしておったのでありますが、やがてその実権をまた親藩の家来の陽虎《ようこ》というものが握って、横暴を振るうに至った。後、陽虎は逐《お》われて、斉《せい》に行き、さらに晋《しん》に亡命するわけですが、政治的に見れば相当な人物であったようであります。政治といえば、孔子もただのいわゆる聖人・君子ではない。一つ運命の幕が変わると、政治家としてもまた異色の人になったのではないかと思われるのであります。とにかく陽虎という人間は、乱暴ではあったが、なかなか胆略もあるし、政治家としては傑物であった。『左伝』（『春秋左氏伝』）を読むと、彼が晋に亡命したということを孔子が聞いて、「晋はそれ世々乱有らんか」、つまり「陽虎を召し抱えるようでは、晋も無事には治まるまい」と言うておる。その陽虎がかつて匡《きよう》というところを侵略して横暴を働いたことがあった。ところがたまたま陽虎が孔子に似ておったために、間違えられて孔子が危うく捕えられようとした。「匡に畏《い》す」とはその時のことを言うておるわけであります。

《孔子が匡というところで危難に遇《あ》われた。そのとき顔回が後れて来た。孔子が「わしはお前が死んだと思ったよ」と言われると、顔回がこう答えた、「先生が生きておられるのに、どうして私が死んだり致しましょう」》

情味の深い師弟の対話であります。孔子と顔回とは本当に一体となっておったということがよくわかる。因《ちな》みにこのとき逮捕に出動したのが桓魋《かんたい》という男でありますが、孔子は論語・述而《じゅつじ》篇に「天、徳を予に生ぜり。桓魋其れ予を如何せん」と言うておる。「魋」という字は、いろいろの意味があって、額が出っ張ったというような意味もある。ともあれ、その顔回が短命で死んだことはご承知のとおり。

怒りを移さず、過ちを繰り返さない

哀公問うて曰《いわ》く、弟子《ていし》、孰《たれ》か学を好むと為《な》す。孔子対《こた》えて曰く、顔回なる者有り、学を好み、怒りを遷《うつ》さず、過《あやまち》を弐《ふた》たびせず。不幸、短命にして死せり。今や則《すなわ》ち亡し。未《いま》だ学を好む者を聞かざるなり。

〔雍《よう》也《や》第六〕

哀公問曰(注)、弟子孰爲好學。孔子對曰、有顏囘者、好學、不遷怒、不貳過。不幸短命死矣。今也則亡。未聞好學者也。（注）曰の字は本によって無いのもある。

《魯の哀公が孔子に「弟子の中で誰が学問を好みますか」と訊ねた。孔子答えて言う、「顔回という者がおりました。学問を好み、怒りを他に移す、すなわち腹立ちまぎれに他に当たるようなことはなく、過《あやま》ちを再び繰り返すことがなかった。不幸、短命にして死し、今はおりません。他に私はまだ本当に学問を好むという者を聞いたことがありません」》

怒りを移さず、過ちを繰り返さない。なかなかできないことですね。たいていは怒りを遷《うつ》す、過ちを繰り返す。躓《つまず》いた石にまで当たって、「この野郎っ！」などと言って蹴飛ばす。そうかと思うと、自分の不注意は棚に上げて、「誰がこんなものをあんなところに置いたのか」などと家の者に当たる。またこういうのが過ちを繰り返す。そうしてとんだ結果を生む。「ああ、自分が不注意であった」と反省する人は案外少ないものです。小事にその人間がよく現れると言いますが、そのとおりで、何でもない些細なことにその人の性格がよく出るものであります。

その点、顔回は偉かった。そうして回のほかに「未《いま》だ学を好む者を聞かざるなり」と言うのですから、孔子がいかに顔回に許しておったかということがよくわかる。

極貧にして道を楽しむ

子曰《しいわ》く、賢《けん》なるかな回《かい》や。一簞《いったん》の食《し》、一瓢《いっぴょう》の飲《いん》、陋巷《ろうこう》に在《あ》り。人は其《そ》の憂《うれい》に堪《た》えず、回や其の楽《たの》しみを改めず。賢なるかな回や。

子曰、賢哉回也。一簞食、一瓢飲、在陋巷。人不堪其憂、回也不改其樂。賢哉回也。

〔雍也第六〕

これも孔子の顔回礼讃であります。食は、名詞の時はし、動詞の時はしょく、と読む。《孔子が言われた、「賢人なるかな回は。わりご一杯のめしと、ひさご一杯の飲み物だけで、しかも狭くていぶせき路地暮らしをしておる。他の人ならばつらい貧乏暮らしに堪えられないだろうに、回はその中にあって自分の楽しみを改めようとしない。えらいものだ、回という人間は」》

シカゴ大学にクリールという教授がおる。孔子の研究家として有名な人で、『孔子《コンフィユーシャス》』という書もある（H. G. Creel ; Confucious, The Man and the Myth, 邦訳・田島道治『孔子』昭和三十六年、岩波書店）。この人が孔子を評して、「昨日の朝のごとく新鮮である」と言うておる。

しかしこの人には顔回がわからない。「顔回はあまりにも貧乏であったために、自ら万事控え目になり、引っ込み思案になったのだ」と言い、最後には「少し馬鹿だったのではなかろうか」とまで疑うておるのでありますが、とんだ誤解です。ちょっと意外な浅解です。

顔回についてもう一つ、回よりもずっと後輩であるけれども、これがまた顔回の生まれ変わりというか、別の骨肉というてもよいような曾参《そうしん》が、こういうことを言っておる。

充実しておりながら空っぽの如き人

曾子《そうし》曰《いわ》く、能《のう》を以て不能《ふのう》に問い、多きを以て寡《すくな》きに問い、有れども無きが若《ごと》く、実《み》つれども虚《むな》しきが若《ごと》く、犯《おか》されても校《むく》いず。昔者《さきに》吾が友、嘗《かつ》て（あるいは、つねに）斯《ここ》に従事せり。〔泰伯《たいはく》第八〕

曾子曰、以能問於不能、以多問於寡、有若無、實若虛、犯而不校。昔者吾友、嘗從事於斯矣。

誰とは名を書いておらぬけれども、顔回であることは明白であります。

《曾子《そうし》言う、「自分は才能がありながら、ない者に問い、いろいろと知っておることが豊かであるのに、少ない者に問い、有っても無きがごとく、充実しておりながら空っぽのごとく、人から犯されても仕返しをしない。昔、自分の友達にそういうことに努め励んだ者がおった。（だが、もうその人は死んでおらない）》

よくできる人間ができない人間に訊く、などということは、なかなかできることではない。さらにもっと難しいのは、人から馬鹿にされて、これにしっぺ返しをしないことである。これはよほど出来た人でなければできません。こういうことをしみじみ味わいながら読んでおると、顔回という人が彷彿《ほうふつ》として浮かんでまいります。

特に「犯されても校《むく》いず」という語は深い意味がある。これは古今に通ずる人間のありふれたものである。しかしそれだけに、いい加減な解釈をしておると、とんでもない危険が伴う。その点を弁《わきま》えて明確に解釈しておれば、個人の問題は言うまでもなく、国家・社会の問題も、国際関係の問題も、片づくことが多いに違いない。ところがそれが朦朧《もうろう》としておるものですから、今日のようにいろいろ紛糾を生ずるのであります。

不幸にして人間の世界には、「悪」というものの存在を免れることはできません。それどころか、悪の存在くらい重大な悩みはない。というて「悪とは何ぞや」、「善とは何ぞや」、という根本問題にまではいって議論しておったのでは、問題は解決しない、またそこまではいる必要もない。それはちょうど重態の患者を前にして、そもそもこの病気の原因は何ぞや、というていろいろ調べるのと同じことである。これでは病気は重くなっても、良くなることはない。よく言われるように、診断は決まったが、患者は死んだということになってしまう。

また、それは措《お》いて、とにかく今日は、悪とは何ぞや、善とは何ぞや、というようなことを論ずる必要もなければ、論ずる場合でもない。少なくとも現在の時点に於て、悪は人を悩ます問題である。我々は善を行うよりも前に、まず悪と取り組むことで悩んでおるわけであります。

「悪」に、いかに対応すべきか

しかも悪は非常に強いものである。善は、天地・自然の理法として、何事によらず絶えず己れを省みることを本旨とする。が、反省的であるのはまことによいのだけれども、凡人の常として、そのためにどうしても引っ込み思案になり、傍観的になりがちである。これに対して悪は、何事によらず攻撃的で、人を責める。そうして相手が手強《てごわ》いほど、攻撃力が強くなる。したがって悪の人に与える刺激は、善のそれよりもはるかに強い。

これは男女関係をとって考えてみると、よくわかる。どうしてあんな男に騙《だま》されたり、こんな女に引っかかったりするのか、と思うようなことが毎日の新聞紙上に溢れておる。

まんざら頭の悪い人間ばかりでもあるまいに、いや、むしろ頭が良いと言われる人間が多く身を誤っておる。要するに男女共に善人というものは、内省的、含蓄的であるが故に刺激が少ないのに対して、悪性の方は非常に刺激が強いからである。薬でも、また毒性の強いものは刺激が強くて、一時的に効いたように思う。だが良薬は、とっさに効くものではない、長く服用する間にいい気持に効いてくる。善人の男女はいわば良薬と同じで、長く連れ添う間にほのぼのと嬉しくなってくるが、眼前の刹那的な刺激がない。それに較べると、悪性の男女は刺激が実に強烈である。そこに引っかかるわけです。とにかく悪は非常に攻撃的であり、刺激的である。

また悪は必要の前にはよく団結する。だから一人でも、「あいつは悪党だ」という。それなら善党という語があるかというと、善人という語はあるが、善党という語はない。それだけに悪人は団結力を持っておるわけです。そこで善人と悪党とが喧嘩をすると、どうしても善人が負ける。善人は団結力がない上に、反省的で、引っ込み思案であるから、自分の方が悪いのだと考える。これでは初めから勝負にならない。夫婦喧嘩でも、両方が「何を言うか」ということでなすり合いをするから、ますますいきりたつわけで、どちらか一方が善人であれば、「私が悪うございました」ということになって、喧嘩にならない。

そういう善人の行き方というものは、なるほど私生活においては、それでもよい。けれども公生活においてあまり反省的で、引っ込み思案というのはいけない。相手は得たり賢しで、ますますのしかかってくる。そうしてやっと気がついて、堪忍袋の緒《お》が切れて起ち上がる。これは善人のしばしば通る過程でありますが、しかし一度打撃を受けて起ち上がるのであるから、そこに大きなハンディキャップがある。そのためにたいへんな苦労をして、最後に悪党を征伐して、めでたしめでたし、ということになる。これが昔からの物語や小説のだいたいの筋書です。しかし考えようによっては、しなくてもよい苦労をするのですから、およそ馬鹿げたことである。というても善人のすべてがそうだと言うのではありません。

「明哲保身」という語があります。経書にもしばしば出てまいりますが、よくこれを世間の人は、「悪賢くて失敗しない」というふうに解釈する。しかしそれは間違いで、善人でも本当によく出来た人は、むざむざ悪党の手に引っかかるようなことがなくて、身を全《まっと》うする、というのが本当の意味である。だから悪党の手にかかるというのは、善人ではあるが愚かだということになる。真に智慧のある善人の典型が、晏子《あんし》や子産《しさん》であります。彼らがあの悪辣な闘争・内乱の中に在《あ》って、ついに身を全うすることができたのは、悪党の手に乗らなかったからである。そういうふうに本当に出来た善人は、へぼ詩人やへぼ小説家などの材料になるようなへまはやらぬものであります。

そこで問題は、悪というものにいかに対するか、ということでありますが、人間の悪に対する態度、あるいは在り方というものをつきつめると、およそ五つの型がある。

第一、弱肉強食型。泣き寝入り型と言うてもよろしい。強い者が弱い者を犠牲にしても仕方がない、弱い者は強い者の犠牲になっても仕方がない、長いものには巻かれろというわけで、あきらめて泣き寝入りしてしまう態度。これでは自然の世界、動物の世界と何ら異なるところもないわけで、全くお話にならぬ意気地《いくじ》ない態度です。

第二、復讐型。殴られたら殴り返す、蹴られたら蹴り返す、という暴力的態度。これは野蛮で、人間としては確かに低級である。しかし「一寸の虫にも五分の魂」で、いかなる弱者といえども人間である以上、気概もあれば、憎しみ、怨みもあるわけで、第一の意気地ない態度に較べると、まだ元気があると言うべきです。

第三、偽善型。蹴られても蹴り返すことのできぬ人間が、己が良心の呵責《かしやく》やら、負け惜しみ、さらには人前を恥じてこれを繕わんとするコンプレックスから、立派な理由をつけてその意気地なさをごまかそうとする。そこで彼らはさきほどの「犯されても校《むく》いず」、というような人間の至極の境地を表した語をよく引用するわけです。例えばクリスト教で言うならば、「目を以て目に報《むく》い、歯を以て歯に報いるは卑し」とか、「誰か汝の右の頬を打たば、これにめぐらすに左の頬を以てせよ」、「汝の敵を愛せよ」等々。儒教にとれば

『中庸』の「寛柔以て教え、無道に報いず」というような語。そういう達人・達道の域を表す語を、その美しい実体を抜きにして借りてくる。そうして「俺は弱いのではない、相手を憐んで、神の如く弱いのだ」などとまるで文芸作品にでも出てくるようなことを言うて、他人ばかりか、そもそも自分自身をごまかしておる。これが人を誤り、世を乱す。

ところが今日、そういう偽善者が多いから困るのです。やれ平和主義者だの、何とか評論家だの、宗教家だのと、たくさんおる。彼らは口を開くと、平和々々で、戦争はいけない、暴力はいけない、武力を捨てなければいけない、と言う。もちろん平和を願わぬ者はないけれども、しかし世界の現実は彼らが考えるほど甘くはない。もし日本がそういうことを実行したらどうなるか。いかなる覇権が及んでくるか。それをまた彼らは、中共が一番恐れておるのは日本が強力な武装をすることであるから、日本がそれをやめれば、必ずおとなしくなるだろう、と言うのでありますが、これは卑怯な偽善者の寝言にすぎない。

第四、宗教型。俗世間の一切を超越して、すべてを平等に慈愛の眼で視るという態度。これは人間として最も尊い在り方であるが、しかし人間の中の極めて少ない勝れた人たちにして初めて到達し得る境地であって、とうてい我々凡人にできることではない。宮本武蔵といえば、生涯を多くの武芸者を相手に闘い抜いた、剣の達人でありますが、ついに彼は剣の最高の境地は刀を使わぬところにあると悟って、とうとう丸腰になった。そこで初心者が、刀を持たぬからといって武蔵に切りかかったらどうなるか。一撃の下に倒されてしまうに違いありません。またその丸腰に感心して、自分も丸腰になったら、たとい相手が百姓、町人でもおそらくやっつけられてしまうでしょう。それと同じことで、宗教的態度は最も尊いものではあるけれども、凡人にはとうてい出来ないことである。となると最後に残るのが、

第五、神武型。人間の道を重んずるが故に、悪を憎んで断乎としてこれを封ずるという態度。論語にも孔子が「惟《た》だ仁者のみ能《よ》く人を好み、能く人を悪《にく》む」〔里仁《りじん》第四〕《ただ仁者だけが本当に人を愛することができ、人を悪むことができる》（二〇六頁参照）と言うておりますが、人を悪むと言っても、人間をにくむのではない、その人間の行う悪をにくむのである。「武」もまたしかり。その人間を憐んで、悪から解放してやるのである。それが「武」というものです。だから武という字は、戈《ほこ》を止《とど》む、と書く。そうしてその人間が悪を悔いて改心する時には、心からすべてを容《ゆる》してやる。これを「尚武」あるいは「神武」と言う。そういう「武」というものが古来我々の悪に対する信念であって、その「武」がだんだん磨かれて「武士道」というものになった。この「武」の精神があったから、明治維新のような立派な人道的革命ができたのでありまして、もしこれが中共やソ連であったならば、おそらく将軍慶喜を初めとして、諸大名の大半が殺されたに違いありま

せん。

以上の五つが悪に対する態度、在り方でありますが、こういうことをはっきり心得ておれば、つまらぬ思想や議論に惑わされることもない。それこそ顔回のように「犯されても校《むく》いず」で、そういうものを相手にすることが馬鹿らしくなる。

明晰な頭脳と弁舌、孔門随一の理財家――子貢

孔子の弟子の中でも特色のある一人は、宰我と共に「言語」――言論の代表として挙げられておる子貢であります。子貢は、姓は端木、名は賜《し》と言い、子貢は字であります。なかなか理財にも長《た》けておった。だいたい孔子の弟子は貧乏なのでありますが、子貢は例外で、金儲けもうまかった。今日で言うと、いわゆる相場の通人といった人で、値段の上がり下がりをよく当てた。それで上がると思うと、物を大量に仕入れて、うまく操作して儲けたわけです。しかし彼は他の相場師と違って、儲けた金をよく使った。第一に師匠の孔子に貢《みつ》いだ。こういう弟子がおるといいですね。我々は貧乏系統で、残念ながら子貢のような金儲けのうまい人がおりません。また、子貢はよく政治にも使った。そのために彼は当時の名士になった。要するに頭が良かったわけです。孔子もその頭の良いのを褒めておられる。

日々、切磋琢磨せよ

子貢《しこう》曰《いわ》く、貧《ひん》にして諂《へつら》うこと無く、富みて驕《おご》ること無きは、何如《いかん》。子《し》曰く、可なり。未だ貧にして道を楽しみ、富みて礼を好む者に若《し》かざるなり。子貢曰く、詩に云う、切《せつ》するが如く磋《さ》するが如く、琢《たく》するが如く磨《ま》するが如しとは、其れ之を謂《い》うか。子曰く、賜《し》や、始めて与《とも》に詩を言うべきのみ。諸《これ》に往《おう》を告げて来《らい》を知る者なり。
〔学而《がくじ》第一〕

子貢曰、貧而無諂、富而無驕、何如。子曰、可也。未若貧而樂道、富而好禮者也。子貢曰、詩云、如切如磋、如琢如磨、其斯之謂與。子曰、賜也、始可與言詩已矣。告諸往而知來者也。

《子貢が言った、「貧乏であっても人に諂《へつら》うことなく、金持であっても驕《おご》ることがないというのは、いかがでしょうか（もうそれで立派な人と言えるでしょうか）」。孔子が言われた、「よろしい、しかし、貧乏であっても道を楽しみ、金持であっても礼を好む者には及ばない」。そこで子貢が言った、「詩経に『玉を仕上げるのに、刃物で切り、やすりですり、さらに椎《つち》やのみで手を入れ、磨きを入れるがごとく、いよいよ修養に励んで立派にしてゆく』とあるのは、ちょうど今おっしゃったことを言うておるのですね」。「賜（子貢）よ、それでこそ共に詩を語ることができるというものだ。過去の経験を教えると、それに基づいてちゃんと未来を察知するのだから……」》

子貢という人は、過去のことを話すと、ちゃんと未来のことを察知する。だから相場の上がり下がりもよく当てた。

それだけに子貢はなかなか政治家的素質があった。

人間が出来ておれば政治はやれる

季康子《きこうし》問う、仲由《ちゅうゆう》は政《まつりごと》に従わしむべきか。子曰《しいわ》く、由《ゆう》や果《か》、政に従うに於てか何か有らん。曰く、賜《し》は政に従わしむべきか。曰く、賜や達《たつ》、政に従うに於てか何か有らん。曰く、求《きゅう》は政に従わしむべきか。曰く、求や芸あり、政に従うに於てか何か有らん。

〔雍也《ようや》第六〕

季康子問、仲由可使從政也與。子曰、由也果、於從政乎何有。曰、賜也可使從政也與。曰、賜也達、於從政乎何有。曰、求也可使從政也與。曰、求也藝、於從政乎何有。

《季康子が訊ねた、「仲由（子路）は政治をとらせることができますか」。孔子が言われた、「由は果断である。政治にたずさわっても、彼なら十分やれる」。「賜《し》（子貢）は政治をとらせることができますか」。「賜は達、なかなか行き届いた人物である。政治にたずさわっても、彼なら十分やれる」。「求《きゅう》（冉有）は政治をとらせることができますか」。「求は才能がある。政治にたずさわっても彼なら十分やれる」》

孔子は、政治というものは別に難しいものではない、人間が出来ておりさえすればやれる、という考えを持っておられたことがわかります。

しかし子貢のような、頭が良くて、理財に長じたような人間は、得てして口が達者なものであります。子貢もその傾向があって、その点が少々孔子の気に入らない。孔子は、「君子は言《げん》に訥《とつ》にして、行《こう》に敏《びん》ならんことを欲す。（論語・里仁第四）」――《（あまり口がまわると、どうしても佞《ねい》になるから）言葉は訥がよい。しかし実行・行動はきびきびと敏でなければならぬ》――と言って、「訥言敏行」ということを強調されておる。「敏」は今日で言うと、頭をフルに回転させるということです。西洋の脳生理学者の研究によると、人体で一番もったいない遊休施設は脳であって、特に勉強する人は別だが、まず普通の人間は与えられておる脳力の一三パーセントくらいしか使っていない。つまり残りの八七パーセントは遊んでおるわけです。ところが脳というものは、使えば使うほど、また難しいことに取り組めば取り組むほど、ますます良くなって、遊ばせておくと、駄目になってしまう。だから頭は、使いすぎて悪くなるということは絶対にないわけで、悪くなるのは使わないからである。孔子はその「敏」ということを重んじて、特に実行、行動に於て敏でなければならぬと力説された。ところが子貢はどうも口が達者である。それを誡《いまし》められたのが次の一節であります。

言うより前にまず実行

> 子貢《しこう》、君子を問う。子曰《しいわ》く、先ず其の言を行い、而《しこう》して後之《のち》に従う。〔為政第二〕
>
> 子貢問君子。子曰、先行其言、而後從之。

《子貢が君子というものについて尋ねた。すると孔子はこう言われた、「まず言わんとすることを実行して、その後で言うことだ」》

いわゆる成功者、名士というような人は他を批評するのが好きでありまして、子貢も人物評をよくやった。これも孔子から誡《いまし》められておる。

〈道・器の論〉立派な器ではあるが、道に達せず

子貢《しこう》問うて曰《いわ》く、賜《し》や何如《いかん》。子《し》曰く、女《なんじ》は器《き》なり。曰く、何の器ぞや。曰く、瑚璉《これん》なり。

子貢問曰、賜也何如。子曰、女器也。曰、何器也。曰、瑚璉也。

〔公冶長《こうやちょう》第五〕

《子貢がこう言って訊ねた、「賜（つまり私）などはどうでしょうか」。「お前は器《うつわ》だ」。「何の器ですか」。「国家の大事な祭祀《さいし》に用いる立派な器だ（国家の大事な仕事に従事させることのできる立派な人物だとの意）」》

他人の批評をするくらいであるから、自分のことも気になるわけです。本文はちょっと読むと、たいそう褒められておるように思う。が、同時にこれは、未だ至らざることに対して戒めておられるのである。

「道・器の論」というて、宋代の儒学者が盛んに論じておることでありますが、「器」というものは用途によって限定されておる。瑚璉《これん》（宗廟のお祭りにお供えを盛る重要な器）であろうが、茶碗であろうが、またそれがいかに立派であろうが、便利であろうが、器はどこ

までも器であって、無限ではない、自由ではない。これに対して「道」というものは、無限性、自由性を持っておる。したがって「道」に達した人は、何に使うという限定がない、まことに自由自在で、何でもできる。こういう人を「道人」と言う。そういう意味において本文は、「子貢は立派な器ではあるがまだ道に達しておらぬ」ということを孔子が言うておるわけであります。

〔編者註〕右の「道・器の論」に関連して、人物とは、どういう人間をいうのであるか。どういう人間内容を指していうのであるか――この問題について、著者は他の著作や講演録でも、しばしば触れているが、これは著者の学問、人物論の骨髄をなすものである。かつて放送「暁の鐘」の中で、この問題について次のように述べている。

「人物」とは何か

気力・生命力

だいたい、人物たるに、まず一番根本的に具わっておらなければならぬものは何かと申しますと、「気力」であります。身心一貫した「生命力」であります。これは見てくれの身長であるとか、肉づきであるとか、堂々たる体格などとは関しないもので、また一見鼻っぱしが強そうでも、事に当たってとんと意気地のないのがおります。そんなのは「客気」と申します。すぐ消えてなくなります。むしろその点では、どちらかというと、物静かな、弱々しいふうでありましても、事に当たりますと、非常に粘り強い、忍耐力・実行力に富んだ人があります。こういうものは潜在エネルギーの問題でありまして、真の創造力です。これがないと何にもなりません。『孟子』にある名高い「浩然《こうぜん》の気」「われよくわが浩然の気を養う」（公孫丑上）という、あれがちょうどこの気力というものを知る良い言葉であります。この気力・生命力が養われておりませんと、事に耐えません。いくら理想や教養がありましても、単なる観念や感傷・気分といったようなものになってしまいまして、とかく人生の傍観主義者・逃避主義者・妥協主義者といったような意気地のないものになってしまうほかありません。

そこで、次に大切なものは「志」というものであり、志気・志操・志節と申すべきものです。これは当然気力から出てくるものでありまして、

「志気」・「志操」

そもそも気力というものは、その人の生を実現しようとする絶対者の創造的活動でありますから、必ず自ら実現しようとする何物かを念頭に発想するわけであります。これが理想あるいは「志」であります。志は、したがって空想とは違います。空想はその人の生命すなわちその人の創造力・実行力とはつながりの薄いものでありまして、これに反して理想・志を抱くということは、生命力・気力の旺盛な所産であります。そういう場合に、気は単なる生気から進んで「志気」となり、これが現実のさまざまな矛盾抵抗にあいまして、

容易に挫折したり消滅したりすることなく、一貫性・耐久性を持って「操」というものになり、「節」というものになるのであります。ここにおいて、単なる気力は進んで「志気」となり、「志操」となり、「志節」となってまいります。現実の矛盾、現実の抵抗に屈しない意味では「膽気」とも申します。事実、肝臓・膽囊は、医学的に考察しても、活力・気力と非常に関係のあることとは、今日もう常識になっております。

この「志」が立つにしたがって、人間が本来具有しておる徳性・理性により、「反省」というものが行われ、何が執り行うべきことか否かの判断・決定、すなわち「義」と、単なる欲望の満足にすぎぬ「利」との弁別が立ちます。義は宜と同じ意味であり、我々の実行と離れることのできない性質のものでありますから、これを「道義」と申します。これに反して単なる欲望の満足にすぎない、往々それは志・理想の害となりやすい性質のものを、「利」と称して、これを「義と利の弁」と申しまして、古来きびしい議論のある点であります。「利」が「義」と一致するほど、本当の利でありまして、義こそ「利の本」である、利は「義の和」であるということが、賢人によって明確に教えられております。

「義」と「利」

「見識」と「膽識」

こういうことの価値判断力・判別能力を「見識」とか「識見」と申します。「見識」は単なる知識と違います。知識は人間知性の、つまり、頭の機械的な働きによって幾らでも得られるものであります。本を読んだり講義を聞いたり何かすれば、よくよく頭の悪い者でない限りは、いくらでも知識は修得することができますが、それだけでは見識というものになりません。理想を持ち、現実のいろいろな矛盾・抵抗、物理的・心理的・社会的に貴重な体験を経て、生きた学問をして来ませんと、この見識・識見というものは養われません。人物たるには、この見識が大事であります。特にそれが現実のさまざまな矛盾や悩みに屈することのない実行力、決断力を持つ時に、さっきの「膽」という字を応用して、「膽識」と申します。つまり膽気と見識との中和であります。

そこで人間はようやく現実の生活・他人・社会・種々なる経験に対する標準が立ってまいります。尺度が得られます。自分で物をはかることができるようになる。人は形態的に申しますと、確かに一つの器でありますが、これを物指しや量《ます》にたとえて、器度・器量というものができます。器量人になります。人生のいろいろな悩み苦しみをも受け入れて、ゆったりと処理して行けるのであります。

古代、宰相のことを「阿衡《あこう》」と申しました。阿は倚と同じで、世の人々が倚《よ》りかかれる意味。衡という字は秤《はかり》の棹のことです。そこで平らか、公平を意味します。「天下万民を信頼させ、万事を公平に裁くことができる人」という意味であります。この器度・器量、これを結びつけて「器識」とか、「識量」とも申します。いろいろの矛盾や悩みの多い国家の政治などになりますと、知識人というような片々たるものでは頼りになりません。よほど識量・器度・膽識がなければなりません。名高い大石内蔵之助、これを大陸的にいたしました人物に晋の謝安《しゃあん》という人があります。これなども非常にシナ大衆の間に人気のある人でありますが、こういう人はみな識量・器度の大きな人であります。これが人物たるには大事であります。

「命」を知る

こういう人間内容が人生の体験を積んで、だんだん磨かれてまいりますと、それだけ深さ、確かさ、不動性などを大きくしてまいります。これを「命を知る」、「命を立つ」、「命に達す」などと申します。ここに「信」という徳ができ、信義・信念・信仰となるのであります。

人間・人生ほどおぼつかないものはありません。人生は夢であるということは、何人も共感せざるを得ないでやってまいりました。「金剛経」という名高いお経に六如偈というものがあります。「一切の有為《うい》の法は夢幻泡影の如く、露の如く、また電の如し」（一切有為法如夢幻泡影如露亦如電）と申しております。西洋の学問も、何がリアル real であるか、真実であるかということをたずねて発達してきたといってよいでありましょう。人は真実に到達し、空夢ではない実在を信じ、有徳を信じ、よく現象世界において乱れず、一切を浄化し、向上してゆく、真の道徳を養うことができます。

また、それと同時に大切なものがあります。人が万物と生を同じうするところより生ずる共感を愛と申します。知を頭脳の論理とすれば愛は心腹の論理であります。万物と共に生き万物と一体になって、天地の大徳である「生」を育てようとする徳を「仁」と申します。仁愛はこのおぼつかない悩める衆生に対して限りない慈悲となります。——悲の一字がついておるところに限りない妙味があります。日本語でも愛は「かなし」であります。この慈悲・仁愛の心は人格のもっとも尊い要素すなわち徳でありまして、智慧・信念と相まって人を神聖にするのであります。人間は必ずしも知の人でなくてよろしい。才の人でなくてもよろしい。しかし、どこまでも情の人・愛の人でなければなりません。

慈悲・仁愛の心

風格・風韻

こういう人間の諸内容、もろもろの徳が和合してまいりますと、宇宙も、生命人格も一つのリズム・風韻をなしてきます。人間そのもの、人格自体が、どこか音楽的なものになってきます。これを、風格・風韻・韻致などと称します。つまらない人間ほどがさつで、騒々しい。また偏した人間、頑固な人間は、とかく物に拘《こだ》わる、ぎごちない。人格ができてきますと、すなわち人物になってまいりますと、どこかしっとりと落ち着いて、和らかく、なごやかに、声もどことなく含み・潤《うるお》い・響きがあって、その人全体がリズミカルになるものであります。すなわち、風格・風韻・韻致というようなものができてくるのであります。こういう内容がそなわってまいりまして、それが自らなんとなく外に現れて、厭応なく人の認識に上《のぼ》る。この時に人物というものが決まるのであります。「あれは人物である」、「あれは人物ができておる」、「あれはできておらぬ」というようなことが自然に言われるのであります。

そうなってまいりますと、なかなか人物というものはありません。人間は万物の霊長とは言いながら、あまり霊長の方は長じませんで、とかく動物的に堕落しやすい。どうしても学問修養の必要な所以《ゆえん》であります。（「朝の論語」より）

過ぎたるは及ばざるがごとし

子貢《しこう》問う、師《し》と商《しょう》は孰《いず》れか賢《まさ》れる。子曰《しいわ》く、師や過ぎたり、商や及ばず。曰く、然《しか》らば則《すなわ》ち師は愈《まさ》れるか。子曰く、過ぎたるは猶《なお》及ばざるがごとし。〔先進第十一〕

子貢問、師與商也孰賢乎。子曰、師也過、商也不及。曰、然則師愈與。子曰、過猶不及也。

師は子張《しちょう》、商《しょう》は子夏のこと。子張は子貢と同様、社会活動型の人物であり、子夏は学者肌の人物です。ことに子夏は長生きして、孔子の教えを弘めるのにたいそう役立った人であります。

《子貢が訊ねた、「師と商とではどちらが勝っておるでしょうか」。「師は行き過ぎておる、商は及ばない」。「それでは師の方が勝っておるのでしょうか」。「過ぎたのは及ばないのと同じことである」》

実に面白い、また味わいのある言葉であります。そしてここには、はっきりと書かれてはおりませんが、どちらかと言うと、「過ぎたるよりは及ばざる方がよい」、という意味が言外にあるわけです。確かにそのとおりで、政治にしても、現実に過不及を免れ得ないとすれば、不及《およばず》の方が過ぎたるよりははるかによい。我々の肉体、生理で言うても、弱アルカリの状態が一番よいわけで、酸が過ぎると、アチドージスという病的状態に陥る。家庭に於ても同じことで、亭主関白というのはあまりよくない。といって嬶《かかあ》天下になってはいけないが、亭主が一応女房の尻に敷かれておるのがよい。人間の心理というものは面白いものであります。

しかし子貢は何でもよくできる人でありますから、凡眼、俗人にもよくわかる。それで民衆の中には、孔子よりも子貢の方が偉いと思っておる者がずいぶんおったらしい。その一例が次の一節です。

孔子に及ばざること、天に登り得ないが如し

陳子禽《ちんしきん》、子貢《しこう》に謂《い》いて曰《いわ》く、子《し》は恭《きょう》を為《な》すなり。仲尼《ちゅうじ》豈《あ》に子より賢《まさ》らんや。子貢曰く、君子は一言《いちげん》以て知《ち》と為し、一言《いちげん》以て不知《ふち》と為す。言《げん》慎《つつし》まざる可《べ》からざるなり。夫子《ふうし》の及ぶ可からざるや、猶《なお》天の階して升《のぼ》る可からざるがごときなり。夫子にして（之）邦家を得ば、所謂《いわゆる》之を立つれば斯《ここ》に立ち、之を道《みちび》けば斯に行き、之を綏《やすん》ずれば斯に来り、之を動かせば斯に和す。其の生きるや栄え、其の死するや哀《かな》しむ。之を如何《いかん》ぞ其れ及ぶ可けんや。〔子張《しちょう》第十九〕

陳子禽謂子貢曰、子爲恭也。仲尼豈賢於子乎。子貢曰、君子一言以爲知、一言以爲不知。言不可不愼也。夫子之不可及也、猶天之不可階而升也。夫子（之）得邦家者、所謂立之斯立、道之斯行、綏之斯來、動之斯和。其生也榮、其死也哀。如之何其可及也。

《陳子禽《ちんしきん》が子貢に向かって、「あなたは謙遜しておられる。仲尼（孔子）がどうしてあなたより勝れておりましょうか」と言ったところが、子貢はこう答えた、「君子というものは、

一言で知者とも為し、一言で不知者とも為すから、言葉は慎重でなければいけない。先生が自分にとって及びもつかぬのは、ちょうど天がはしごをかけても上れないのと同じことである。もし先生が国の政治をとることになれば、古《いにしえ》のいわゆる『民の生計を立たしむれば速かに立ち、これを導けば言われるままに随い、これを安んずれば四方より来り服し、これを激励すればみな従いて共に和する』で、生きておる時は栄え、死しては人々から悲しまれる。こういう先生にどうして私ごとき者が及ぶことができようか」》

これをみると、子貢という人は単に人を較べるのが好きなだけではなく、やはり見るべきものはちゃんと見ておったということがわかります。

ついでに子貢と並んで「言語」の代表に挙げられておる宰我をちょっとのぞいてみようと思います。この人は運が悪いというのか、論語の中では一番貧乏くじを引いておる人であります。

孔子に見限られた宰我

宰予《さいよ》、昼寝《ひるい》ぬ。子曰《しいわ》く、朽木《きゅうぼく》は雕《ほ》る可《べ》からず。糞土《ふんど》の牆《しょう》は杇《ぬ》る可《べ》からず。予に於てか何ぞ誅《せ》めん。子曰く、始め吾《われ》人に於けるや、其の言《げん》を聴きて其の行《こう》を信ず。今吾人

に於けるや、其の言を聴きて其の行を観《み》る。予に於てか是を改む。〔公冶張第五〕
宰予晝寢。子曰、朽木不可雕也。糞土之牆、不可杇也。於予與何誅。子曰、始吾於人也、聽其言而信其行。今吾於人也、聽其言而觀其行。於予與改是。

《宰予《さいよ》（宰我のこと。予は名、字は子我《しが》と言う）が昼間から寝ておった。孔子が言われた、「朽ちた木は彫刻の材料にはならない。汚穢糞土の土塀は上塗りができない。宰予に対しては、何を叱ってもしかたがない」。またこうも言われた。「最初私が人に対するのに、言葉を聞いただけで行為まで信用した。しかし今は人に対するのに、言葉を聞きさらに行為まで観察する。宰予のことがあってから改めたのである」》

宰我もえらく孔子から見限られたものでありますが、本文に対しては昔からいろいろ議論がなされておる。ちょっと昼寝したくらいで、なぜこれほどまで孔子が言われるのか、というものもあれば、いや、そうではない、昼も夜もきまりなく寝たからだというものもある。中には、女を連れて寝たからだ、とまあ今日の週刊誌等にお誂え向きの解釈をするものまである。しかし、とにもかくにも四科十哲の一人に挙げられておるほどの人物でありますから、ただこれだけの人物であるとは、とうてい思われない。またその彼が『孟子』公孫丑にも書いてありますように、「自分が見るところでは、夫子《ふうし》は堯・舜よりもはるかに勝っておる」と言うて、心から孔子に服しておるのでありまして、そういうところから考えても、良いところがたくさんあったに違いない。ところが良いところがわからなくなってしまって、悪いところだけが残っておる。まことに気の毒な話であります。

内省的で直覚の勝れた人——曾参

顔回と並んでもう一人、逸することのできない大事な人は曾参《そうしん》（あるいはそうさんとも読むが、考証家の多くはそうしんを採る）です。これはまた顔回を別仕立てにしたような、それだけに多分に顔回と相通ずるところのある人物であります。しかし曾参は顔回と違って、弟子の中でも最年少で、孔子より四十六歳も若く、しかも幸いにして長生きして七十過ぎまで生きたので、孔子の道を後世に伝えるのに大いに貢献した。曾参は、曾は姓で、参は名、字を子輿《しよ》と言い、『孝経』は彼の弟子が師と孔子との問答を録したものと伝えられている。

吾れ日に吾が身を三省す

曾子《そうし》曰《いわ》く、吾《わ》れ日《ひ》に吾が身を三省《さんせい》す。人の為《ため》に謀《はか》りて忠《ちゅう》ならざるか。朋友と交わりて（言うて）信《しん》ならざるか。伝えて習《なら》わざるか（習わざるを伝うるか）。

曾子曰、吾日三省吾身。爲人謀而不忠乎。與朋友交（言）而不信乎。傳不習乎。〔学而第一〕

《曾子言う、「自分は日に何度もわが身を反省する。人のために考え計って努力できなかったのではないか。友達と交わって誠実でなかったのではないか。（師より）伝えられてよくこれを習熟しなかったのではないか（あるいはよく習熟せぬことを人に伝えたのではないか）》

三省の三は、数を表す三ではなくて、「たびたび」という意味です。「伝不習乎」は『伝習録』などは「伝えて習わざるか」の方を採っておる。「省」ということは本当に大事なことでありまして、人間、万事「省」の一字に尽きると言うてよろしい。「省」は「かえりみる」と同時に、「はぶく」と読む。かえりみることによって、よけいなもの、道理に合わぬものがはっきりわかって、よくこれをはぶくことができるからである。

人間はこれ〈省〉あるによって、生理的にも、精神的にも、初めて生き、かつ進むことができる。政治もまたしかり。民衆の生活を自然のままにまかせておくと、混乱してどうにもならなくなってしまう。そこで民衆に代わって彼らの理性・良心となって、つまらぬものをかえりみてはぶいてやる。これが政治というものです。だから昔から役所の下に、文部省、司法省というふうに「省」の字がついてある。ところが後世になって役人が増え、仕事が増えるにしたがって、かえりみてはぶくことを忘れ、「省」が「冗」「擾」になるものだから、革命というようなものが起こって、かえりみてはぶくどころか、すべてを抹殺してしまう悲劇を招く。とにかく「省」という字は大いに意味があって、いろいろ解説してゆけば、この一字だけで大冊の論文ができる。（一三五頁の解説参照）

曾参という人は、その「省」を徹底して実践した人でありまして、この点だけを見ても、いかに立派な人であったか、ということがよくわかります。だから論語に出てくる門人の中で、曾参だけは必ず下に「子《し》」をつけて「曾子」と呼ばれておる。ほかに有子《ゆうし》、冉子《ぜんし》、閔子《びんし》も子がついておるが、この三人は時には字などでも呼ばれておる。ついでながら有子というのは有若《ゆうじゃく》のことである。この人もまた立派な人で、人格、言行共に孔子に生き写しであった。それで孔子が亡くなられた後、弟子たちは有若を孔子の身代りに仕立てて仕え、またそれで通ったというぐらい出来た人であります。

さて、曾参と言えば、曾参のお父さんの曾皙《そうせき》（名は点《てん》）も立派な人であった。洒脱《しゃだつ》で癇癖の強いところがあったが、なかなか達人的風格の人であります。

曾参の父、曾皙

子路《しろ》、曾皙《そうせき》、冉有《ぜんゆう》、公西華《こうせいか》、侍坐《じざ》す。子《し》曰《いわ》く、吾《われ》一日爾《なんじ》に長ぜるを以て、吾を以てすること無かれ。居れば則《すなわ》ち曰く、吾を知らずと。如《も》し或《あるい》は爾を知らば（知るあらば）、則《すなわ》ち何を以てせんや。子路率爾《そつじ》として対《こた》えて曰く、千乗《せんじょう》の国、大国の間に摂して、之に加うるに師旅《しりょ》を以てし、之に因《よ》るに飢饉を以てす。由《ゆう》や之を為《おさ》め、三年に及ぶ比《ころ》に、勇有りて且《か》つ方を知らしむべきなり。夫子之を哂《わら》う。求《きゅう》や、爾は何如《いかん》。対えて曰く、方の六七十、如《も》しくは五六十、求や之を為《おさ》め、三年に及ぶ比《ころ》に、民を足らしむべきなり。其の礼楽の如きは、以て君子を俟《ま》たん。赤《せき》や、爾は何如。対えて曰く、之を能《よ》くすと曰うには非ず。願わくば学ばん。宗廟《そうびょう》の事、もしくは会同に、端章甫《たんしょうほ》して願わくば小相為《しょうそうた》らん。点《てん》や、爾は何如《いかん》。瑟《しつ》を鼓すること希《や》み、鏗爾《こうじ》として瑟を舎《お》きて作《た》ち、対えて曰く、三子者《さんししゃ》の撰《せん》に異なる。子曰く、何ぞ傷《いた》まん。亦《また》各々其の志を言うなり。曰く、莫春《ぼしゅん》には春服既に成る。冠者《かんじゃ》五六人、童子六七人、沂《き》に浴し、舞雩《ぶう》に風《ふう》し、詠じて帰らん。夫子喟然《きぜん》として歎じて曰く、吾は点に与《くみ》せん。三子者出《い》ず。曾皙後《おく》る。曾皙曰く、夫《か》の三子者の言は如何《いかん》。子曰く、亦《また》各々其の志を言うのみ。曰く、夫子何ぞ由を哂《わら》う。曰く、国を為《おさ》むるには礼を以てす。其の言譲《ゆず》らず。是の故に之を哂《わら》う。唯《これ》、求《きゅう》は則ち邦に非ざるか。安《いずく》んぞ方六七十、如《も》しくは五六十にして邦に非ざる者を見ん。唯《これ》、赤は則ち邦に非ざるか。宗廟会同は諸侯に非ずして何ぞ。赤や之が小相たらば、孰《たれ》か能《よ》く之が大たらん。

〔先進第十一〕

子路曾晳冉有公西華、侍坐。子曰、以吾一日長乎爾、無吾以也。居則曰、不吾知也。如或知爾則何以哉。子路率爾而對曰、千乘之國、攝乎大國之間、加之以師旅、因之以飢饉、由也爲之、比及三年、可使有勇且知方也。夫子哂之。求爾何如。對曰、方六七十、如五六十、求也爲之、比及三年、可使足民（也）。如其禮樂、以俟君子。赤爾何如。對曰、非曰能之（也）。願學焉。宗廟之事、如會同、端章甫、願爲小相焉。點爾何如。鼓瑟希、鏗爾舍瑟而作、對曰、異乎三子者之撰。（子）曰、何傷乎。亦各言其志也。曰、莫春者春服既成、（得）冠者五六人、童子六七人、浴乎沂、風乎舞雩、詠而歸。夫子喟然歎曰、吾與點也。三子者出。曾晳後。曾晳曰、夫三子者之言何如。子曰、亦各言其志也已矣。曰、夫子何哂由也。（子）曰、爲國以禮、其言不讓、是故哂之。唯求則非邦也與、安見方六七十如五六十而非邦也者。唯赤則非邦也與、宗廟（之事如）會同非諸侯而何。赤也爲之小（相）、孰能爲之大（相）。

《子路、曾晳、冉有、公西華《こうせいか》の四人の弟子が孔子の側に侍っておった。孔子が言われた、

「私がお前たちよりわずか年長であるからといって、遠慮することはない。お前たちは常日頃、自分を知ってくれないと言うておるが、もし誰かお前たちを知ってくれたら、いったい何を以てこれに応えるか」。

するると、子路が、やにわにこう言った、「兵車千台を出す国が大国の間にはさまれ、加うるに戦争が起こって、さらに飢饉が重なるという時に、由――この私がその国を治むれば、三年もたつ頃には、その民をして勇気あり、かつ道を知らしめることができます」

孔子はこの言葉を聞いて笑われた。「求《きゅう》や、お前はどうだ」

「六、七十里か五、六十里四方の小さな国をこの私が治むれば、三年もすれば民を富ましめることができます。しかし礼楽のことは（自分にはできないから）立派な君子にまかせます」

「赤《せき》（公西華）や、お前はどうだ」

「はい、私はよく為し得るというのではなくて、学びたいのです。宗廟の祭祀の事や、諸侯の会合などには、玄端《げんたん》（黒色の大礼服）、章甫《しょうほ》の礼冠を著《つ》けて、いささかの助け役になりたいのです」

「点（曾晳）や、お前はどうだ」

今まで低く弾いておった瑟《しつ》を止め、からりと置いて立ち上がって答えて言った、「私は三者の言われたような立派なのと違います」

「いや、何でもかまわぬ。それぞれの志を述べただけのことだ」

「もう春も終りの頃、すでに春着もできています。これを著て、元服の済んだ若者五、六人、童子、六、七人を連れて沂水《きすい》のほとりで浴し(注)、雨乞いをする高台で涼風に当たって、詩を吟じながら家に帰って来る(これが私の平生願うところです)」

これを聞いて孔子は、いかにも感に堪《た》えぬといった様子で言われた、「私は点に賛成する」(注、「浴」は「沿う」、「風」は「到る」とする説もある)。

三人が退出して、曾晳が後に残った。曾晳言う、「彼の三人の言うところはいかがですか」。孔子が言われた、「また各々の志を言うただけだ」。「それでは先生はなぜ由の言うことを笑われたのですか」。「国を治めるには礼を以てすべきであるのに、その言葉は謙譲なところがなくて礼を失しておる。そのために笑ったのである。求の場合も邦ではないか。どうして六、七十里ないし五、六十里四方もあって、邦でないものがあろうか。赤の場合もやはり邦ではないのか。宗廟や会合が諸侯の事でなくて何であろうか。赤がいささかの助役になるというのならば、誰が大役になることができようか」》

曾参のお父さんの人柄がよくわかる。論語の中でも少し調子の変わった、面白い一文であります。

さて、曾参でありますが、曾参も顔回と同様、ちょっと見ると、愚なるがごとくであった。

あたかも愚なるが如し

柴《さい》や愚《ぐ》、参《しん》や魯《ろ》、師《し》や辟《へき》、由《ゆう》や喭《がん》。

柴也愚、參也魯、師也辟、由也喭。

〔先進第十一〕

《孔子が言われた、「柴《さい》（子羔）は馬鹿正直、参《しん》（曾参）は血のめぐりが悪い、師（子張）は偏って中正を欠く、由（子路）は口やかましくて粗暴である」》

愚も魯もまことに味のある語で、実のところ訳しようがない、いわゆる以心伝心で会得するほかはない。曾参というのはそういう人であるから、性格が内省的で、節度があったのは当然であるが、反面また非常に直覚の勝れた人でもあった。

夫子の道は忠恕のみ

子《し》曰《いわ》く、参《しん》や、吾が道《みち》は一《いつ》以《もつ》て之《これ》を貫《つらぬ》く（あるいは、おこなう）。曾子《そうし》曰く、唯《い》。子出《い》づ。門人問うて曰く、何の謂《いい》ぞや。曾子曰く、夫子《ふうし》の道は忠恕《ちゅうじょ》のみ。〔里仁第四〕

子曰、參乎、吾道一以貫之（哉）。曾子曰、唯。子出。門人問曰、何謂也。曾子曰、夫子之道、忠恕而已矣。

《孔子が言われた、「参や、吾が道は一《いっ》以て貫いておる」》――「貫」は、「つらぬく」と同時に、貫行という熟語があるように、「おこなう」の意がある。（一以て之をおこなう）《曾子言う、「はい」。孔子が退出された後、門人が曾子に訊いた、「どういう意味ですか」。「先生の道は忠恕――造化《ぞうか》の心そのままに理想に向かって限りなく進歩向上してゆくだけである」》

ありそうなことですね。まるで禅問答のようで、他の門人にはさっぱりわけがわからない。忠恕の「忠」とは文字どおり「中する心」で、限りなく進歩向上する心が「忠」である。近頃の流行思想に関連して言えば、弁証法的進歩、つまり相対立するものを統一し止《し》揚《よう》して、限りなく進歩向上してゆくことである。同様に「恕」は心と如――恕の旁《つくり》は口《くち》ではなくて領域・世界を表す口で、女の領域・女の世界、転じて天地・自然・造化を意味する。――造化そのままに進んでゆくことである。「ゆく」でわからなければ、「来る」でもよい。即ち「如来」である。なぜ女の世界が天地・自然・造化であるか。最も簡単明瞭に言えば、造化が万物を生むがごとく、女は子を生み育てる。その点は男は女にかなわない。いかに英雄、豪傑といえども、子を生むことはできないが、女はどんな人でも子だけは生む。一休和尚が、

女をば法《のり》のみくらといふぞげに
　釈迦も達磨もひょいひょいと出る

という名高い歌を詠んでおりますが、確かに女は造化そのものであります。しかも造化は大きな愛、大きな慈悲を以てすべてを包容してゆく。そこで恕を「ゆるす」とも読む。これを要するに、理想に向かって限りなく進む方を「忠」、包容してゆく方を「恕」で表し、結んで「忠恕」というておるわけであります。（一七四頁の同文解説参照）

曾参は魯なりといえども、その勝《すぐ》れた直覚で孔子の道はちゃんと受け取っておった。同時にこの人は特に気節のあった人であります。それは『孟子』公孫丑上に曾子の言葉として、「子、勇を好むか。吾嘗《かつ》て大勇を夫子《ふうし》に聞けり。自ら反《かえり》みて縮《なお》からずんば、褐寛博《かつかんぱく》（粗

毛の布や、だぶだぶの着物で、共に身分の卑しい者の著る衣服、転じて賤者の意）といえども、吾惴《おそ》れざらんや。自ら反みて縮《なお》くんば、千万人と雖《いえど》も吾往《ゆ》かん」と言うてあるのを見ても、よくわかります。

また曾参という人はたいそう親孝行であったということで有名であります。「孔子や曾子の家の子は、人を罵ったり、忿《いか》ったりすることを知らない。それは生来よく教えられておるからである」、と伝えられておりますが、さもあろうと思われる。論語は曾参の弟子が主体になってつくられた、という説が多いのでありますが、いずれにしても孔子の道を弘める上に、曾参の力が大きかったことは事実であります。

まだご紹介したい弟子が幾人かありますけれども、一を聞いて十を知るということで、またの機縁に譲ることに致します。

II

論語読みの論語知らず

第一章　孔子人間学の定理——「利」の本は「義」である

やっと論語がわかってきた

「論語読みの論語知らず」という少々調子の変わった題でありますが、これは世の中に論語読みの論語知らずが多いということではないので、人間というものは自分でわかったような心算《つもり》でも、なかなか本当のことがわからぬものである、ということが論語に徴して吾れ自ら、しみじみ感ぜられるという自分の体験をお話しするわけであります。よくこの言葉を、あいつは利口そうなことを言うけれども、なあに「論語読みの論語知らず」さ、というふうに人を非難するようなことに使われるのですけれども、そういうことはさて措《お》いて、要は、自分がわかっておる心算でも案外わかっておらぬものだ、ということを悟ることがさらに大事なのであります。

論語といえば、私には一つの思い出があります。それはまだ若かったときのことですが、学生の頃からたいへん親しくして、いろいろと裨益《ひえき》を受けました先達に沼波瓊音《ぬなみけいおん》という先生がおられました。一高・帝大（東京帝国大学、現東大）の講師をされて、国文学や俳句で名高かったばかりでなく、半面純真熱烈な愛国者でもあった。この人の徒然草の講話は今日でも名著と言うてよろしい。まことに生きた書物でありまして、徒然草を本当に自分のものにして語っておられる。

その瓊音先生晩年のことであります。病気をされて、だいぶ容態が悪いということを奥さんから聞きまして、ある日お見舞に伺った。そうして親しい間柄のことですから、ずかずかと病室まではいって行ったのです。ところが先生は何かを読んでおられたらしく、私の来たのを知って、小さな書物らしいものをそーっと枕の下へ入れられた。私はそれを見て「今のは何の本ですか」と尋ねたところ、にこにこ笑いながら出して見せたのが論語の袖珍《しゅうちん》本であった。袖珍本と言っても皆さんはご存じないかもしれませんが、今日の文庫本と同じような、ふところにはいるくらいの大きさで、それが珍しいというのでその名があった。それで私が「へえー論語をお読みですか」と言って不思議そうな顔をしたら、先生の言うには、「私も長年書物を読んできたが、この年になってこうして病床に横たわってみると、しみじみ論語が読みたくなって、それで気が向いたところを、あちらこちら読んでおる。ところがさて読んでみると、なんだか初めて読むような気がして、こんなことが書いてあったか、本当にそのとおりだ。いったい自分は今まで何を考え、何を読んできたのか。まるで自分の今までは雲を掴むようなものではないか、といった具合で実に味わいの尽きぬものがあって、この年になってやっと論語がわかるような気がしてきた。それに文章も、論語の文章は至れるものがあると思う」というお話であった。

なぜか不思議に、この時の先生のお話が私の耳に留まって、論語を取り出す際に時どき思い出すわけであります。いかにもその時はその時なりに感じたからでありましょう。しかし今になって考えてみると、その時は、私は確か三十そこそこであったと思うのですが、自分ではひとかど論語を読んでおる心算でおったけれども、本当はよくわかっておらなかったのでありまして、ちょうど瓊音先生の年頃にいつか自分もなって、先生と同様に少しわかるようになった。ことに私など論語はもう子供の頃から読んで、ほとんど空で覚えておるくらい読み抜いてきた心算でおるのですが、はたしてどれだけ読めておったかと思うと、まことに恥ずかしいことで一向読めておらない。正に「論語読みの論語知らず」である、ということをしみじみ感ずるのであります。

まあ、そういう意味で、「論語読みの論語知らず」と題したわけでありますが、しかしこれは論語に限らない、およそ学問、求道というようなものはみなそうであります。その真義は限りなく深いものである。特に論語においてその感慨をしばしば懐《いだ》かせられるのでありまして、そこにまた尊い意義があるのです。

論語は論語、輪語、円珠経

さて、論語は、これは世人があまり知らないかと思いますが、別名を「論語《りんご》」と言い、また「輪語」あるいは「円珠経《えんじゆきよう》」とも言うております。なぜ論語と言い、輪語、円珠経と言うのかと申しますと、これがまたたいへん深い意味があり、味わいがある。昔から論語の参考書といえば、まず第一に挙げられるのが六朝《りくちよう》時代の大学者、皇侃《おうがん》の『論語義疏』でありますが、それによると、漢代に鄭玄《じようげん》という学者がおって、論語を以て「世務を経綸《けいりん》することができる書物」だと言ったところから、論語という語が出てきたとし、またその説くところは、円転極まりなきこと車輪のごとしというので、輪語と言うのだと註釈しております。

さらに「円珠経」については、鏡を引用して、鏡はいくら大きくても一面しか照らさないが、珠《たま》は一寸四方の小さいものでも、上下四方を照らす。諸家の学説は鏡のごときもので、一面を照らすが四方を照らすことはできない。そこへゆくと論語は正に円《まどか》なる珠と同じで、上下四方円通極まりなきものである、というところから円珠経と言うのだと述べております。日本でも古来いろいろの種類の論語が諸博士によって出版され、中でも正平版が一番古いとされておるのでありますが、もうその頃から円珠経という語がもっぱら用いられておりますす。確かに論語は円珠の名のとおりの本でありまして、少しわかるようになると、しみじみこのことが感じられる。

これは皆さんも嫌になるほど経験したことでありますが、戦後はイデオロギー時代と言われるくらいイデオロギーが流行して、イデオロギーでなければ世の中が治まらぬように言われてきました。しかし今や、それは大きな誤りである、ということが世界の識者によって指摘されるようになってきておる。理論・理屈というようなものは、何か為にするところがあれば、いくらでも立てることができるからである。昔から「口は調法」と言うが、本当にそのとおりであります。また「かれも一理、これも一理」とか、「泥棒にも三分の理」とかいうような諺《ことわざ》もある。要するに理論は平行線であって、どこまで行ってもそれだけでは片づかない。純粋な科学技術の研究理論でさえなかなか一致し難いのですから、いわんや人間、あるいは人間生活に関する思想・評論というようなものになると、正にかれも一理、これも一理で、なかなか決着するものではない。

その最も典型的なものはソ連と中共の理論闘争であります。どちらも等しくマルクス・レーニン主義によって革命をやった代表国でありながら、そのマルクス・レーニン主義をめぐって徹底的に闘争しておる。両国の取り交わした調書や記録をご覧になるとよくわかりますが、それこそ何万言を費やして、お互い自分の方の正統であることを主張するとともに、相手を強烈に罵倒しておる。これではどこまで行っても平行線をたどるばかりで、決着することがない。胸に一物があると、理論・理屈というものはそういうふうに、いくらでもくっつけることができるものであります。

師友会の古い同人に吉村岳城という琵琶の名人がおりました。鋭い風刺家で、批評家にしても珍しい人だとみんなで噂したものですが、この人がよく「私は日本の漬物は何によらず好きだが、たった一つ嫌いな漬物は理論漬けというやつだ」と言って皆を笑わせておった。理論漬けというものは誰にでも、どうにでもつけられる。それだけにこんな虫のいい、聞き辛いものはない。どこまで行っても平行するばかりで、落ち着くところがない。これはマルクス・レーニン主義ばかりでなく、あらゆる理論漬けというものは本質的にそういうものなのです。そこで近頃は今までのイデオロギーでは駄目だ、ということが世界の識者の定論になってきておるわけであります。ところが日本はどうか。まだまだそこまで行っておりません。何事によらず日本はそうでありまして、世界の流行を観察すると、残念ながら日本は今までどおり島国で、たいそう先走るように見えて、本当に後れておる。

その共産主義イデオロギーは駄目だという定論ができるのに、最も貢献しておる三つの著作がある。第一はユーゴスラビアの元副大統領で、チトーの有力な女房役であったミロバン・ジラスの『新しい階級』という本であります。ジラスはご承知のように、ソ連の下風に立つことを潔《いさぎよ》しとせずして、敢然と一敵国を形成して、ついにユーゴ独自の共産主義政権を樹立するに至った一番の功労者であるが、その彼が思想的に、人生観的に、共産主義というものに疑問を持つようになり、とうとう絶望して、牢獄へ捕えられる破目に陥った。本書はその獄中で書き上げて、人知れず外に持ち出して出版したものであります。日本でも翻訳されておりますが、実によく共産主義革命の実体を、またその代表的なソ連の政権というものを徹底して解剖し、これを批判しております。

第二に有名な本は、これも日本語の翻訳が出ておりますが、『西洋の自決―自由主義の終焉』という本であります。これはアメリカのジェームス・バーナムという人が書いたもので、この人は近代アメリカの大学でこれ以上の秀才はない、と言われたくらい優秀な成績で大学を出た人です。彼も学生時代から型の如くマルクス主義に傾倒したのであるが、次第に疑惑を生じ、あきたらなくなって、マルクス主義でない共産主義はないものか、ということに全精力を傾けた。そうして当時メキシコに亡命しておったトロツキーなどともしばしば激論を交わしたりして考えたが、結局、一切の共産主義というものに絶望し、これを否定するに至った。のみならず近代の主義・イデオロギーというようなもので、人生や国家・民族の問題が片づくものではない、ということを深く悟って、この本を著わしたのであります。

第三番目は、これはごく最近出たもので、アメリカのダニエル・ベルという教授の書いた『イデオロギーの終焉』という本であります。これは確かに良い本で、およそイズムとかイデオロギーというようなものは、それだけでは駄目だ、ということを結論しておりま す。

この三冊が入手しやすい代表的なものだと思うのでありますが、しかし、そういうことは何も珍しいことではないので、昔から古典の中に簡単明瞭に指摘されておるし、民間の俗説にも、さきほど申したように、「泥棒にも三分の理」とか、「かれも一理、これも一理」、とちゃんと道破されておる。もうこれで十分でありまして、学問とか思想とかいうものは、それをただ知識的・論理的に整えただけにすぎない。そういうものは論語にもならなければ、論語・輪語にもならん。いわんや円珠経などとは似ても似つかぬものである。民族・国家・人類といったものを実体として考える時には、いわゆる知識や概念・論理の操作ではどうにもならない。そういうものは極めて浅薄で、たわいないものである。もっと普遍的・実践的で、変化に富んだ円転自在のものでなければ、とうてい真理ということができない。

そこで人間は、本当に人間に立ち返れば立ち返るほど、良心的になればなるほど、偏見・偏心を捨て去って、己れを空しうして謙虚に学ばなければならない、ということがつくづくと悟られるのである。いささかの理論の書物などをかじって、もう得たり賢しで大言壮語するのは最も浅薄であり、最も愚劣であります。これは経験を積めば積むほど、年とともに会得するようになる。そこでまず、論語の「時」という一字について、いかに我々は何も知らないかということを悟りたいと思う。

学んで時に之を習う——「時」の真意

> 学んで之を時習《じしゅう》す（学んで時に之を習う）。亦説《またよろこ》ばしからずや。〔学而《がくじ》第一〕
>
> 學而時習之。不亦說乎。

昔、我々はこれを「学んで、時どき思い出しては復習するというのは、なんと嬉しいことではないか」というふうに「時」を時どき、sometimesという意味に解しておった。しかし「時どき」ではどうも意味がおかしい。そこで少しく勉強ができるようになって、いろいろ注釈を見ておると、「学んで時之《これ》を習う」と読む説があることを知った。人の名前に、時忠などと書いて「これただ」と読ませているのがある。確かにこれは前よりも進歩した読み方である。しかしそれでもまだ物足りない。結局、訳さずに、「学んで之を時習す」と読むのが一番良いということがわかってきた。

ちょうど「摩訶般若波羅蜜多心経《まかはんにゃはらみたしんぎょう》」の摩訶と言うのと同じことです。摩訶には形の上からいって、大、数の上からいって多、質の上からいって勝、というふうに三つの意味がある。「般若心経」はそのすべてに秀れたお経であるから、一つの意味に限定して表すことができない。そこでそのまま摩訶というふうに音訳したわけであります。この場合の時もそれと同じことで、「時どき」でもいけないし、「これ」でも物足りない。やはり「時習す」であります。

しかし時習では意味がわからないという人は、むしろ初めの「時に之を習う」という読み方を新しく深く解釈して「時」を「時どき」ではなくて「その時代、その時勢に応じて」と訳せばよろしい。今、中国では毛沢東語録学習などといって、盛んに「学習」という言葉を使っておりますが、そもそも学問・学習というものは、時どきこれを習うのではなくて、その時代、その時勢に剴切《がいせつ》（適切）に勉強してこそ学問・学習と言えるので、時代・時勢を離れて学問したのでは空理・空論になってしまう。と言うと、それでは「学んで之を時に習う」とか、「学んで時に之《これ》を習う」、という読み方をしてもよいという議論も出てまいりますが、それではいささか煩わしくて、ピントの外れるところもあって、結局時習《じしゅう》と音《おん》で読むのが一番よいと思います。

『中庸』を読むと、「君子時中《じちゅう》す」という言葉がある。この場合の「時」も同じように、「時どき」ではなくて、「その時その時」という意味です。「中」とは対立相剋《そうこく》を解消して、より高い次元に持ってゆくことであって、その意味から言うと、弁証法も、儒教《じゅきょう》も、仏教も、みな中論にほかならない。そこで「時中」とは、その時その時、その刹那その刹那、有効適切、意味あるように持ってゆかねばならぬということです。

いずれにしても「学んで時に之を習う」ということは、「勉強したことを時どき思い出して復習する」というような簡単なものではないということです。そういうふうに気がついてみると、論語の冒頭からいったい我々は何を考えてきたのか、何を勉強してきたのか、と本当に時どき恥ずかしくなるわけであります。

吾れ日に吾が身を三省す——「省」の真意

> 吾《わ》れ日《ひ》に吾が身を三省《さんせい》す（吾れ日に三たび吾が身を省みる）。
> 吾日三省吾身。
> 〔学而第一〕

三を「三たび」と読むと、「二度では足りませんか」、「五度やったらいけませんか」と落語にでも出てくるような話になりかねませんから、やはりここは音読してさんと読むべきです。三は三度と限ったことではない。常にとか、しばしばという意味です。

ただし問題は三ではなくて省の字にある。誰も皆、これを「かえりみる」と読んでおるが、これだけでは五十点。今一つ「はぶく」という意味がある。しかし「かえりみ・はぶく」と読むと煩わしいから、「せい」と音で読む。

この省の字をつくづく味わってみると、かえりみてはぶくことの一番根元的なものは自己であるから、人間の存在そのもの、その生活、したがって政治にしろ、道徳にしろ、人間に関する一切はこの一省に尽きると申してよろしい。

植木の栽培でもそうです。およそ草木を育てるということも、だいたい一省字に帰することができる。これを植木の専門家はその道の五原則と言うておる。まず第一は「懐《ふところ》の蒸《む》れ」であります。懐に枝葉が茂ると、日ざし・風通しが悪くなる。そこから「虫喰い」が始まって、やがて梢の成長がとまる。これを「梢《うら》止まり」と言う。そうなると「根上がり、裾上がり」が始まって、ついにはてっぺんから枯れてくる。

そこでまず大事なことは、枝葉が茂らないように「省する」ことである。といっても、これに道理・原理があって、無闇やたらに剪《き》ってよいというものではない。剪定《せんてい》が難しい。

つまり鋏《はさみ》の入れ方が難しいわけである。剪定は着物で言うと、裁縫の裁です。論語にも「之を裁する所以《ゆえん》を知らず」と言うておるが、下手な裁縫師に鋏を入れられると、大事な反物も下手に切ってしまって、物にならない。植木もそのとおりで、剪定の仕方で草木を駄目にしてしまう。「省する」ということは難しいものです。智慧と経験とが一致して初めて立派にできることである。

我々の身体でもそういうふうにできておる。この身体というものは無量の細胞からできておるが、ある種の細胞は横着《おうちゃく》で、無闇に増長する傾向を持っておる。かと思うと一方では、萎縮する傾向を持った細胞もあって、それぞれの細胞に癖がある、性質・個性がある。そのためにホルモン機能というものがあって、増長する細胞を抑制し、萎縮する細胞を助長して、細胞のバランスをとっておる。だからホルモン機能が狂うと、バランスがとれなくなって、身体の調子が乱れてくる。つまりホルモン機能によって細胞を剪定し、省しておるわけで、したがって生理も一省字に帰することができる。

これは人格、その活動である道徳も同じことが言える。我々の精神・意欲の中には、無闇にのさばる横着なものがあるかと思うと、一方では萎縮するものがある。そこでそのわがままな欲望を抑制・助長するために理性というものがあって、良心の調和を図っておるのである。これがいわゆる「時中」というものであり、「三省」というものです。それによって人格が存在することができる。だから道徳も一省字に帰するわけであります。

したがって「省」の字を考えると、知性と理性の違いがよくわかるのでありますが、この頃は科学者の中にかえってこういう問題を深刻に考える者が多くなっております。下手な思想家や哲学者よりも、真剣な科学者の方がよほど哲学的というか、真理に肉薄してきておる。例えば、数年前に物理学でノーベル賞を貰った、ドイツの名高いマックス・ボルンという人などその代表的なものであります。彼は数年前にドイツで出版された『われわれは今日どこに立っているか』（シュヴァイツァーをはじめ、ヤスパース、ピカート等十五人の有名な思想家・学者の現代に対する評論・警告を集めたもの）という本の中に、実に襟を正すことを言うておる。

それはまだ人間が月への宇宙飛行に成功する前のことであるが、早くも彼はそれを予言して、人間が限られた制約に甘んじないで、常に限りなく新しい自由行動を求めてやまぬ精神の発動から、ヒマラヤとか、アルプスを征服するのと同じように、今、我々学者たちが宇宙に挑んでおるが、これは人間性の已《や》むを得ざるによるものである。と同時に軍事力に大いなる寄与をするというところから、軍や政府の支援によって拍車をかけられて、いっそう発達してきた。これは確かに驚くべき成功・発達であるが、厳密に考察すれば、人間としてなんら誇るべきことでもなければ、また究極的に人間になんらの幸福も、平和も、救いも与えるものではない。これは知性の勝利ではあるけれども、理性から言うならば、人間を破滅に導く悲劇である。人間はより以上に道徳的・精神的進歩をしなければ救われない、ということを堂々と言い切っておる。正にそのとおりであります。

人間は理性を忘れたらどうなるか、精神や道徳を忘れたらどうなるか。それが大衆となると、さらに問題は大きくなる。昨今問題の学生暴動などを見ておりますと、つくづくその大事なことがわかるはずであります。今、日本の学者の間で最も尊敬されておる社会思想家の代表的な一人は、スペインのオルテガであろうと思うのですが、その弟子にコラールという人がある。先年日本にも来て、たいそうマスコミでもてはやされましたが、この人などもその著『大衆論』の中にボルンと同じようなことをはっきり言っております。

そこで大衆というものは放っておくと、みな勝手放題のことをやって混乱に陥るので、人間・大衆・社会・民族・国家というものはいかになければならぬか、ということを大衆に代わって、あるいは大衆を通じて、これを抑制し、指導・助長してゆくものが必要になってくる。その「省」の字に該当するのが政治であり、政治家であり、またそれに関わる役人・官庁である。そこで昔から官庁や役所に省の字をつけて、外務省・大蔵省などというわけであります。

ところが役人というものは、とかく省することを忘れて、せっかくのしょうに濁点をうって「擾《じょう》」、煩雑にしてしまう。そうなると政治が乱れる。日本の政治などは最も不省なるものの甚だしきものであります。例えば国家政治の最高機関である国会にしても、今日の状態からいえば衆議院だけで十分であるのに、参議院という擾なるものを作ってわざわざ混乱を深く大きくしておる。ああいうものは速かに憲法を改正して、是正しなければならない。今、一番参議院に出たがっておるのは労働組合の幹部である。彼らにとって参議院は名誉欲・権力欲を満たす恰好の存在です。全国組織を足場にして容易に議員様になれる。だから大金を使っても皆出たがる。ところがさて出てみると、彼らは国政の上で何をやっておるか。害あって益無しと言うと、少し言葉が過ぎるけれども、まずその程度のものです。

そこへゆくと、この頃の自由主義者が論難攻撃してやまぬ戦前の方が、はるかに民主主義政治の原則に合うておった。衆議院が通しても貴族院が通さない。もし衆議院と馴れ合って通しても、その後に枢密院《すうみついん》というものがある。そこには憲法の番人を以て任ずる恐い連中が頑張っておって、いろいろと文句をつける。そのためにどれほど政治が粛清されたかわかりません。今は野放しだから堕落する一方であります。

こういうふうにわずか一字だけれども、省の字を追求してゆくと、それこそ無限に発展して、一切に通じてくる。今日は文明の繁栄のために煩雑・煩擾になって、ちょうど植木でいえば、懐が茂って枯れかかっておるようなものであります。オルテガやコラールも、この煩雑から来る弊害を如何にして根元の簡素に復帰させるか、ということが今日の文明を救う一番の本質の問題である、としきりに言っておる。そういう意味からいえば、「省」は文明論にもなる。（一一三頁参照）

利によって行えば怨み多し――「利」と「義」

利に放《よ》って行えば怨み多し。
放於利而行、多怨。
〔里仁《りじん》第四〕

今日も同じこと。みな利を追って暮らしておるが、利を求めてかえって利を失い、利によって誤られて、際限なく怨みをつくっておる。それは「利とは何ぞや」ということを知らぬからである、「利の本は義である」ということを知らぬからである。(註)

(註)『春秋左氏伝』昭公の条に「義は利の本なり」とあり、同襄公の条に「利は義の和なり」とある。

したがって本当に利を得んとすれば、「いかにすることが義か」という根本に立ち返らなければならない。これは千古易《か》わらぬ事実であり、法則である。そこで人間は与えられておるところの精神というものを大いに活用して行為・行動に精を出さなければいけない。

〔編者註〕「利」と「義」の関係について、著者は、放送「暁の鐘」の中で、次のように敷衍している。なお、一〇五頁の〔編者註〕の中の「義」と「利」の項参照。

「利」と「義」について

利というものは各人自己に都合のよいことでありますから、どうしても他とどこかで衝突するわけです。否、自分自身の場合でもやがて矛盾が起こる。すべて自然は自律的統一体で、各己が他己と相関連し、そのまま全体に奉仕するようにできておるものですから、自己のわがままを許しません。利はちっとも利にならないのです。

世にいう資本主義的弊害というものは、あらゆる価値の標準を利己的・享楽的な金融的成功とでもいうべきものに置いたことであります。そのために、富める者よりもむしろ貧しい者に物質主義・利己主義を育てました。利一点ばりの考え方を育てたものです。資本家階級の考えること、することは、できるなら自分もやりたい。少なくとも心ひそかに真似たい生活として、貧しい者から羨望されたわけであります。かくして彼らの思想もほとんどまったく物質的になりました。彼らはより多い利潤の配分を要求しましたが、それはより善い生活のため、より道徳的な生活のためではなくて、実はより享楽的な生活のためでありました。そのうえ、労働階級のもっとも不幸な分子の絶望的ともいうべき貧困は、実は決して不可能ではありませんが、まずもって、およそ精神的な事柄の意味や価値を信ずることを困難にしました。

そこで、資本主義の実際の結果は、社会のあらゆる階級の人々に単なる経済的・物質的生活、すなわち利の生活、利ばかりを求める考え方を養ってしまったのであります。それがだんだん悪質な無秩序と革命とを養成したと申すことができましょう。（中略）

経済と道徳、利と義というものが両立しないもののように考えるのは、もはや笑うべき愚見であります。いかなる物質的生活問題も、すぐれた精神、美しい感情、たのもしい信用などにまたなければ、本当の幸福にはなれません。経済の安定、まことの成長というものになりません。技術の発達に伴う経済的国際化が各国民の差別をなくすように思う人がございますが、これも浅はかであります。それは国民の特質をなくすことではなくて、国際的進歩に和して、いかにますますその国民の特質を発揮するかということが大切であります。機械的・物質的経済をもって、国民の将来を決定するなどと考えてはなりません。国民の将来を決定する真の力は、常にその国民の精神的・人格的努力であります。心ある人々は、どうしてもこの「義に喩《さと》る」ということが大事であります。利ということばかりを考えておってはついに利になりません。利によって行えば、まさに自他共に怨が多い。

（中略）

どうも、そう言いながら、そう知りながら、人間始終悩まされておるのは経済であります。そして、この経済ということになりますと、わかっておるはずの人でも、不思議なほど利己的であり、排他的・競争的になりやすい。道徳などと言っておっては、義などと言っておっては経済にならぬ、利にならぬ。礼節などは衣食足って後の話だ。飯が食えなくては何の教養も文化もあるか。――言わず語らず決めこんでおるのが、常人の心理であります。政策にしても、まず予算の分捕り合い。予算がないというと、大切な政策も軽く排除されがちであります。それほど経済優先主義で、誰もが富裕なのかというと、いつになっても人間は貧乏を嘆かぬことがありません。

それは経済というものも人生の重要部門でありますが、決して孤立的に行われるものではなくて、経済を左右するものは案外道徳・義であるというような理法に対して非常に無知なためであります。

先ほども申しましたように、あらゆる物質的生活問題も、それを有効適切に解決するのには、深い精神的・感情的要素がなければなりません。経済をもって人間の将来を決定する要件だという考えを持つものは、その経済を決定するものは、精神的・道徳的努力であるということをさとるのが、もっとも大切なことであります。

君子は行に敏ならんことを欲す

君子は言に訥《とつ》にして、行に敏ならんことを欲す。　〔里仁第四〕

君子欲訥於言、而敏於行。

孔子は論語の中にしばしば「敏」を説いておられるが、今日のような時代には、ことに大事なものであります。今までには幾度か触れたことですが、近頃の大脳生理学の研究・調査によると、人体のあらゆる機能・施設の中で、一番もったいない遊休施設は大脳で、普通、人はだいたいその脳力の一三パーセントしか使っていない。ところが脳が悪くなるのは、使いすぎて悪くなるのではなくて、身体の他の部分が悪くなって、その影響を受けて悪くなるのである。脳そのものは使えば使うほど、また難しい問題と取り組めば取り組むほど、良くなるようにできておる。だから易しいことばかりに使っておると、どんどん駄目になるということです。

ところが、この頃は本人の心掛けだけではどうにもならなくなった。というのは文明のいろいろの施設があまりにも発達したために、頭を使わなくてもよいようになってきたからであります。そのためにますます馬鹿が増える、ということを大脳学者は異口《いく》同音に警告しておる。最近の調査によると、アメリカなどでは七パーセントしか使っていないということです。みなテレビを見たり、ラジオを聴いたりして、視覚と聴覚で済むために、脳まで使う必要がない。日本などはおそらく五パーセントくらいだろうと言われている。そうなるとほとんど馬鹿と言ってよいわけで、一億総白痴化ということは決して笑い話ではない。

そこで我々に必要なことは、どうしても敏でなければならぬということです。敏とはフルに頭を使うことである。大脳を使えば自然に全意識を使うことになる。そうしてこの人間、および世界の現実に深くはいってゆけば、どうしても我々は理想というもの、真理というもの、またその模範・典型というものに参ずるようになる。その最も典型的なものは理想像というものです。

燃えている人間は理想像を抱く

> 甚だしいかな、吾が衰えたるや。久しきかな、吾れ復《また》夢に周公《しゅうこう》を見ざるなり。
>
> 甚矣、吾衰也。久矣、吾不復夢見周公也。〔述而《じゅつじ》第七〕

「ああ自分は衰えたなあ、もう夢に周公を見なくなってずいぶんになる」という孔子の慨歎であります。周公とは、周の国を興して、シナ古代における一つの理想国家を創造した周公旦《しゅうこうたん》のことでありみます。孔子は若い時からその周公を理想として、常に夢見ておったわけである。この概念はまことに意味深遠で、無限の感慨が含まれている。

人間は熱烈な理想に燃えておれば、自ずから理想像を抱くようになるものでありまして、これは実に人間らしい尊いことである。それがなくなるというのは、要するに単なる情欲とか、とりとめのない仕事に追われてしまうからで、本当に真剣な生活をし、充実した生き方をしておれば、いろいろと具体的な目標、理想像というものがあるはずであります。今日の大衆が知らず識らずの間に、強くうったえられる教理であるとか、真理であるとか、あるいは教主・指導者・英雄・偶像といったものに惹《ひ》かれるのもそのためである。

この孔子の「自分はもう夢に周公を見なくなった」という慨歎の中には、孔子の現実に対する批判もあるであろう、あるいは円熟もあるであろう、またあるいは失望ないし絶望も含まれているかもしれない。ともあれ、それから推して、現代にもいろいろと考えさせられる言葉である。（五九頁参照）

民は之を由らしむべし――「由らしむ」と「知らしむ」

民は之《これ》を（あるいはに）由《よ》らしむべし。之を知らしむべからず。
〔泰伯《たいはく》第八〕

民可使由之。不可使知之。

これは誰知らぬ者のない言葉であって、実に誤用されておる。戦後のことですが、ある会合に出たところ、相当な代議士が「もう〝民は之を由《よ》らしむべし、知らしむべからず〟というような封建的思想の時代は去った。今や〝民は大いに知らしむべし、由らしむべからず〟という民主主義の時代になった」と言って得意気に演説しておった。私もちょっと茶目気を出して、後で、「こういうお話であったが、実にとんでもないことだ。あれは孔子の言った言葉だが、孔子ともあろう人が、今あなたが言ったようなことを言うでしょうか」と言ったら、目を白黒させて、「違いますか」と訊くので、「ああ、大違いです」と言って一くさり説明してあげたことがある。

〈民は之を知らしむべからず〉を、「民衆に知らせてはいけない」と解釈するから間違ってくるので、第一、天下のために、人間を救うために、生涯を捧げた孔子がそういうことを言うはずがない。

民衆というものは、常に自分に都合のいい、その場その場のことばかりを求めておるので、本当のことだとか、十年・百年の計だとかいうようなことはわからない。したがってそれを理解させることはなかなかできないことである。そこで「とにかく訳はわからぬが、あの人のすることだから俺はついて行くのだ」というふうに民衆が尊敬し、信頼するようにせよということで、由らしむべしの〝べし〟は命令の〝べし〟であるが、知らしむべしの〝べし〟の方は可能・不可能の〝べし〟である。したがってそれを（さる代議士のように）「知らしめよ、由らしむな」と解釈すれば、「民は信頼・尊敬させてはいけない、宣伝してごまかせばよい」ということになってしまう。少し考えればすぐわかることだけれども、そういう浅はかな誤解がずいぶん多い。人間というものは難しいものであります。

人は与に権るべからず――孔子人間学の定理

与《とも》に共《とも》に学ぶべし、未《いま》だ与に道を適《ゆ》くべからず。与に道を適くべし、未だ与に立つべからず。与に立つべし、未だ与に権《はか》るべからず。〔子罕《しかん》第九〕

可與共學、未可與適道。可與適道、未可與立。可與立、未可與權。

これも名言であります。いっしょに学問をすることはできるけれども、いっしょに道を行くことはなかなかできるものではない。競争する者もおれば、落伍する者もおる。とっとと自分だけ先に行く者がおるかと思うと、遅れる者がおる。また中にはあっちへ行こうという者もおるし、反対にこっちに行くのだという者もおって、なかなかいっしょに道を行くことはできない。ことに人生ともなれば、なおさらのことである。けれども、まだそれはできるが、ある一定の場所に立つということになると、——与《とも》に立つということは、存在を同じうすることですから——問題はさらに難しくなる。

道を行く場合には、合わなければ、「お前はそっちへ行け、俺はこっちへ行く」と別々に行くこともできるが、共に立つためには場を同じくしなければならぬから、自由がきかない。それだけ難しいわけです。

男と女の間でもそうで、恋愛とか、友達とかいうような間はまだ楽で、共に道を行くことができる。ところが夫となり、妻となって、家庭をつくって同じ場に立つということになると、これは容易なことではない。この頃の週刊誌などに腐るほど書いてあるが、恋愛結婚などと軽々しく口では言いながら、いざ結婚してみると、たちまち喧嘩したり、疎隔したりして、離婚するということになる。正にここに書いてあるとおりです。孔子くらい人間通はないと言われる所以《ゆえん》である。

ところが孔子は、まだ共に立つことはできるけれども、「与に権《はか》るべからず」と言われる。「権」は秤《はかり》の分銅《ふんどう》であります。分銅というものはご承知のように、あっちへやり、こっちへやることによって、正しいところにぴたりと落ち着けるものですから、「権」を

「はかる」と読む。物事を正しく決する手段が「権」であります。生きた人間世界の問題はいろいろの矛盾や困難が多くて、その問題を知能やら理解やら、欲望やら利害やらでそれぞれ異なった、複雑な心理を持った人間が、共に相はかって相談し合うということは、とうてい普通の人にできるものではない。これは活きた見解がない限りどうにもならぬ難しいことである。往々にして相手をぺてんにかけたり、ごまかしたりして、せっかくの正しい意味の「はかり」を忘れて、悪い意味の「はかり」にしてしまう。（三六頁の同文解説参照）

魯一変せば道に至らん

> 斉《せい》一変せば魯《ろ》に至らん。魯一変せば道に至らん。
>
> 齊一變至於魯。魯一變至於道。
>
> 〔雍也第六〕

これはくどくど説明するよりも、別の言葉に改めて、「ソ連・中共一変せば米・独に至らん。米・独一変せば道に至らん」、と言った方が皆さんにはよくわかると思います。斉はちょうどソ連や中共のような権力支配の、功利一辺倒の、彼らのよく言うところの帝国主義の国家であり、それに対して魯は文化国家である。功利というものは行き詰まりやすく、怨みを結びやすいものであるが、しかしそういう国でも一変すれば、本当の文化を求めるようになる。ただし文化というものは往々にして頽廃・堕落する。今日のアメリカやドイツを見ればよくわかる。だからその弱点を救うためには一変しなければならない。そうすればようやく本当の道に至ることができる。これを詳しくお話しすれば面白いが、とても時間が要ることである。（二三七頁参照）

言を知らずんば人を知る無きなり――命と礼と言

命《めい》を知らずんば以て君子たる無《な》きなり。礼《れい》を知らずんば以て立つ無きなり。言《げん》を知らずんば以て人を知る無きなり。〔堯曰《ぎょうえつ》第二十〕

不知命無以爲君子也。不知禮無以立也。不知言無以知人也。

自然と人間を一貫する絶対性「天命」を知らないと、本当の人間にはなれない（一〇五頁参照）。自然も人間も円満な自律・諧和・奉公すなわち「礼」によって存立しているのですから、それを知らなければ人間として本当に存立することはできない。また「言」を知らなければ、すなわち学問・思想・言論がわからなければ、人間というものを知ることができない。

「言」は今日で言うと、いわゆる「思想・言論」でありまして、その思想・言論というものの本当のことがわからなければ、人を知ることができない、人間の世界がわからないと言うのです。さきほども申したように、戦後は思想・言論、特にイデオロギーが長いあいだ幅を利かしてきたのでありますが、ようやくこの頃になって「イデオロギーの終焉」ということが言われるようになり、マルクス・レーニン主義であろうが、民主主義・自由主義であろうが、単なるイデオロギーだけでは人世は救われない、本当の文明は栄えない、ということがはっきりと論述されるようになってきた。孟子は「吾れ言を知る」と言うておるが、今にして初めて、なるほどそうだな、としみじみ思う。

孟子はその「言」を解して四つ挙げておる。

詖《ひ》辞。偏《かたよ》った言葉。概念的・論理的に自分の都合のいいようにつける理屈。

淫辞。みだりがわしい言葉。淫は物事に執念深く、耽溺すること。ちょうど中共理論の如きもので、なんでもかんでも理屈をつけて押し通そうとすることです。

邪辞。よこしまな言葉、よこしまな心からつける理屈。

遁辞。逃げ口上。

この頃の過激派の学生などはみな邪辞・淫辞ばかりを言うておる。大学教授や進歩的文化人といった連中は、もっぱら遁辞であります。今や詖淫邪遁の言が一斉に流行しておると言うてよろしい。こういう時こそ論語や『孟子』を読んで、しみじみ会得するというか、啓発されることが大事であります。現代を最もよく把握し、最も正しい結論を得ようと思えば、論語でも十分である、と言うても決して過言ではありません。ただ皆がそれほど読まないだけのことであります。論語を知らぬ者はない、また読まぬ者はないけれども、だいたいは「論語読みの論語知らず」に終わっておる。これは決して他人を責めるのではない、お互いにそうだということです。そうして本当のことがよくわからぬ人間が集まって、てんやわんやと騒いでおる、というのが今日の時代であります。そこでこの時代、この人類はいかにすれば救われるかとなると、やはり学ばなければならない。正に論語に言うとおり「学ぶに如《し》かざるなり」であります。「終日物を思えども」何にもならん、お互い大いに学ぼうではないか。これを講義の結論に致します。

第二章　論語の文字学——孝、疾、忠、恕

大沢勘大夫の活学問

昨年の夏、群馬県の師友会の同人から「先生はあまりお忙しくてお気の毒だから、赤城のつつじ（ここのつつじは有名です）を見ながら温泉にでもはいって保養なさい」とすすめられて、——その実は私を引っ張り出して、大いに話を聞こうという魂胆であったわけですが、うまくその手に乗りまして——何年ぶりかで赤城まで出かけて行った。そうして赤城に着いて同人諸君の顔を見た時に、ふっと私は長い間忘れておった当地に縁のある、感慨の深い一つの美談を思い出し、それを現地の皆さんにお話しすることになったわけであります。

もともと、赤城は酒井侯の領地でありまして、酒井侯は姫路に移りましたが、金雞《きんけい》学院はこの酒井侯の有名な金雞園という庭園を開放してもらってつくったものである。また陽

明学で名高い、ことに京都・大阪地方に大きな感化を与えられた三輪執斎《みわしっさい》先生が酒井藩に聘《へい》せられて、ここで学を講じておられる。そういう縁がある上に、金雞学院の初めからこの地方の大勢の有志がまいりまして、はなはだ密接な道縁を結んだのであります。したがってその流れを汲む人々によって引っ張り出されて、出かけて行ったというわけです。

さて、酒井藩は三輪執斎先生等の感化で、学問がたいそう盛んになり、藩侯自らも進んで学を講ずる。また藩士の中にも、大沢勘大夫という奉行のような立派な学問求道の士もありました。この人に名高い政治上の功績がある。

それはある年のことであった。この地方は非常な旱魃《かんばつ》で、もうすっかり水が涸《か》れて、せっかく植えた苗が全滅の危機にさらされたことがある。そのとき大沢勘大夫に直接藩侯から「何か対策はないか」と質問があった。すると勘大夫は「一策あります。それは赤城山上の湖から水を引くよりほかに救う道はありません」と答えた。これは大変なことである。というのは、今日もその湖が赤城神社の近くに残っておりますが、ここには昔から湖の主が住んでおって、これを汚すと大祟《たた》りがあるという伝説があったからである。

迷信深い百姓たちはこれを聞いて、みな恐れをなしていきり立った。神主までがいっしょになって、「取りやめてもらいたい」と奉行に申し出る始末である。ところが勘大夫は一向そんなことには頓着しない。神主に向かって「愚昧な百姓どもが言うのなら話もわかるが、神官までさようなことを言うとはもってのほかである。いやしくも神というものは、正しい神であればあるほど、その土地・住民を救い給うのが本来である。したがってこの旱魃に湖の水を引いて、百姓や作物を救うというのに、神や湖の主が喜びこそすれ、祟るなどということはあるべきはずがない。それを怒るような神は邪神であるから、さっそく退治しなければならん」と諄々《じゅんじゅん》と説き聞かせた。

そこで神主も理の前に屈して「それでは一つ、できるだけ真心を以てお祈りでもさせていただきましょう」というわけで、ついに湖からの取水が決行されたのである。それによって赤城山一帯の土地がいっぺんに蘇生して、凶作・飢饉がふっとんでしまったばかりでなく、もとより湖の主の祟りなど何事も起こらなかった。そのために住民から非常な感謝を得たということであります。なかなかこれはできないことであります。

活きた学問として論語を読む

その大沢勘大夫と三輪執斎先生に、ある日藩侯からお召しがあって、「今日は勉強会をやりたいと思うから、『大学』の朱子章句（朱子の書いた序文）の講義をしてほしい」と言う。ところがまかり出た勘大夫が、「私どもが講義をお耳に入れたところで、別にどうということもありませんから、一つ、殿が私どもに講義してお聞かせくださってはいかがでしょうか」とお答えしたので、もとより学問自慢の藩侯のことでありますから、さっそくこの言を容《い》れて、得々として序文の中の「聡明叡智」について講義を始められた。曰《いわ》く、「聡とは耳がさといということで、言を聞き誤らぬこと、明とは目が利いて、見誤らぬこと、叡智とは、心がさとくて、よくすべてに通じて物がわかることである云々」といった調子であります。

そうすると勘大夫がやおら膝を進めて申しますには、「殿、しばらくお待ちください。聡というのはどういう意味であるか、などというような講釈なら誰でもできる。我々はさようなことは聞きたくありません。例えば聡明叡智にしても、殿が藩を治められるうえに於て、どんなにお聞き誤りがなかったか、あるいはどんなに物事の見誤りがなかったか、といった殿ご自身についての講釈を承りたいのです」と。ところがこれを聞いた藩侯は、そこは名君でありますから、「さすがにお前たちといっしょに学問をすると、実に善いことを教えられる」と言って感激されたということです。

実にいい話だと思う。昔から「漢学」などと言うと、すぐ文句の講釈をやるものだから、面白くないのです。だから漢文の先生というものは時代離れした人間の代表のごとく言われて、明治以来すっかりはやらなくなってしまいました。しかし本当の学問というものは、決してそういうものではない。それを読んで、自分は聞き誤っていなかったか、見誤っていなかったか、というふうに直ちに自分の問題にしてゆくのです。そこに気がついてこそ初めて活きた学問となる。本当に大沢勘大夫の言うとおりであります。

しかしこれは決して他人事ではない。例えば論語にしても、誰だってこれを読まなかった人はないけれども、本当に活きた学問として論語を読んだかどうか、ということに思い及んでみると、ほとんどみな、「論語読みの論語知らず」に終わっておるのではないか、という気が致すのであります。そればかりではありません。単に文字・章句の解釈の点から言っても、ほとんどわかっておらない。昔から「いつの世にも流行《はや》り廃《すた》りのないのは論語の出版と忠臣蔵の興行だ」と言われるくらい、いつ出しても論語だけは売れる。それほど我々はみな論語を読んできたけれども、しからば論語の文字・章句をどれだけわかっておるかとなると、ほとんどいい加減なものであります。

そこでその一端を青年部の古典講座でお話ししたわけですが、しかしこういうものは話し始めたらきりがないので、その時も、「学んで時に之を習う」の「時」とはどういう意味であるか、誰知らぬ者のないこの語を、いったい今の世にどれだけわかっておるか、というようなことをいくつか話しておるうちに、いつの間にか時間が経ってしまった。こういうお話をしておると、限りなく感想と言うか、連想が起こってくるものです。

「暁」の意味――あきらか、さとる

実は今朝も、調べることがあって、四時に起きたのです。というのは、今秋明治神宮で明治天皇御鎮座五十年祭が行われるわけですが、その記念に明治天皇の御詔勅《しょうちょく》を収集して、その中から三百ばかり選び出し、これに厳正な通解と注釈・解説を加えて出版されることになり、私も、宮司さんのたってのご依頼で、その委員長を仰せつかった。なにぶん明治天皇の御詔勅は厖大な数に上るばかりでなく、その内容が、内政・外交・経済・教育・神道・儒教・仏教とあらゆる面にわたる、いわば明治史の骨髄・血脈をなすものであります。したがってそれぞれ大勢の専門学者が集まって、一昨年の秋から、たいへんな精力を傾けてやっておるわけでありますが、それらの人たちの研究したものだけでも何千枚とある。それをいちいち読み合わせて、検討しなければならん。もう時間が足りなくて、正に昼夜兼行であります。それで今朝も早く起きて、その詔勅集に入れる総論のことで調べておったわけであります。

そのお蔭で久しぶりに夜明けの気分を満喫することができました。さすがに東京の騒がしい市中でも、夜明けの一時は森閑として、静寂そのものである。暗闇から次第に明るくなって、なんとも言えぬいい気持である。おのずから頭も澄んで、能率も上がる。ふっと私は「暁」という字を思い出した。これは「あきらか」という字であり、「さとる」という字である。しかし同じ「あきらか」と言っても、日月並んで照らす明ではない。暁の「あきらか」は、夜の暗闇が白々と明けて、物のあやめ・けじめが目に見えてくる。さわやかな中に、心が澄み、頭が冴えて、物のすがたがあきらかになってくる、という意味である。したがってそれだけ物事がわかる。だから「さとる」である。「暁」という字を、「あきらか」「さとる」という意味に用いたのは、やはり先人・古人が体験によって到達した心境から生まれたものである。

「亮」の意味――たかい、あきらか

今、東京の師友会の照心講座で「三国志」を講じておりまして、ようやく諸葛孔明《しょかつこうめい》に到達したところでありますが、ご承知のように孔明は名を亮と申します。「亮」は「たかい」という字で、高の字の下の口をとって人を入れた文字である。即ち「高い所へのぼる人間」ということである。高所へのぼれば、見晴らしがよく、見通しが利く。つまりそれだけわかる、あきらかになる。一般の大衆と違って、高い見識・心境に達した人は、人間・世の中がよくわかる。そういう意味の「あきらか」という字が「亮」である。諸葛孔明は正に亮の名のごとき人でありました。

「相」の意味――見通しが利く、たすける

亮とよく似た字に、「相」という字がある。いろいろ説もある。「木を見わける」とも説かれてあるが、それよりも「木の上に人間が登ると、先が見える、見通しが利く」という方が面白い。本能寺の森蘭丸が、松の木に登って先を見ると、闇の中に桔梗《ききょう》の旗がはっきり見えて、明智の謀叛がすぐわかったというのといっしょです。そこで、あっちへ行ったら駄目だ、こっちへ来い、というふうに迷っておる人間を助けてやることができる。だから「相」を「たすける」とも読む。また大衆というものは下の方でまごまごするばかりで、前途の見通しなどということはさっぱりである。これをそのまま放置すると、行き詰まってしまう。そこで国家・民族の十年・百年を見通して、政策を立てねばならない。その代表が大臣である。だから大臣のことを相と言う。したがって文字本来から言うならば、大臣は国家・民族のために十年・百年の大計を立てるだけの見識を持った、よほど見通しの利く人でなければならぬはずであります。ところがこの頃は大衆政治によって逆になり、木の下に目をつけた方がふさわしいような大臣がたくさんできる。そういうところに政治の堕落がある。といってもこれを直すには、いくら選挙法を改めてみたところで、米の値段を増やしたり減らしたりしてみたところで、どうにもなるものではない。

まあ、そういうふうに、単なる文字学の上からだけでも、深い真理と興味がある。私は久しぶりに今暁、茶をすすっておって、暁の字を味わったわけでありますが、それと同時に、また私自身も年の七十を越して、ようやく人生の暁を迎えたような、なんだか闇の中から白々と物がわかりだしてきたような気がするのであります。老境にはいると、呆《ぼ》けるのが本当なのに、逆に人生の暁を迎えるような気がする、というのですから、少し頼りないが、とにかく、この年になって、ようやくわかってきたように思われる。こういう体験は今までにも何べんかしておるのですが、今朝も同じ体験をしたわけです。

「了」の意味——あきらか、おわる

しかし同じ「さとる」でも「暁」と違ってもう一つ皮肉な「さとる」がある。それは「了」という文字です。弘法大師の詩に、

閑林獨坐草堂曉
三寶之聲聞一鳥
一鳥有聲人有心
聲心雲水倶了了

という有名な七言絶句がある。これを見ると、弘法大師もやはり同じような体験をされ

ておったわけですが、この詩の最後に了了といって了の字が使われてある。これは「あきらか」という字である、と同時に「おわる」という字である。あきらかになった時はすべてが終わる時である。確かにそうかもしれませんね、人間は訳わからず年をとって、ようやくわかりだしたなあと思ったら、それですべてが終わりです。その意味から言うと、まだ少し残り惜しい気もするけれども、私も人生の終わりが近づいたということになる。文字というものは実によくできたものだと感心する。

「悟」の意味──口をつつしむ

もう一つ、「さとる」という字に「悟」という字がある。これがまた、すこぶる意味が深い。忄（りっしんべん）に吾《われ》と書いて、どうして「さとる」という意味になるか。吾は口に五本の指を押し当てた象《かたち》であるという解釈もあるが、よく調べてみるとそうではなくて、五は乂《がい》（刈る意）で、草を刈る艾と同義の文字である。そこで口を刈るとは、余計なことは言わぬ、つまらぬものを食わぬ、ということになる。言い換えれば、これは口にかぎをして、口をつつしむということです。人間にとってまず曲者は口である。つまらぬものを飲み食いして身体を壊すのも口であり、社会生活、あるいは自分の存在活動に祟るのも口である。「口は禍の門なり」と言うが、しゃべらずともよいことをしゃべってお里が知れたり、言い方を間違えて、相手を怒らせたりするのも、みな口です。だから「挨拶もろくにできん」という言葉もある。それくらい口というものは大事なものである。

そこで口にかぎをして、余計なものを食ったり、余計なものを言わないようにして、立派にする。と同じようにこれを広げて、自分を下らないものから整理して、筋の通った立派なものにせねばならん。「吾」という字をさかのぼれば、そういうふうに「口をつつしめ」というところから出ておることがわかる。したがって「悟」も、結局は自分をどうするかということになるわけです。

「孝」の意味——老者と若者の連続・統一

まあ、そういうことを考えておりましたら、いつの間にかすっかり夜が明けてしまって、女中が雨戸を繰り出したので、考えることをやめ、朝食を済ませて、また書斎に戻った。そして今夜の講義のことを思い出したので、しばらく詔勅を脇にのけて、メモを取りましたのは「孝」についてであります。というのは、この前まいりました時に、松下（松下電器商学院）さんの方で立派な『孝経』の本をつくられて、成人教学研修所（関西師友協会の研修所、大阪府四条畷市）に寄付されたということを聞いたのを思い出し、「孝」という字は論語にもずいぶん出てくる大事なものであるから、是非皆さんにもお話ししておこうと考えたからであります。

「孝」という字は、言うまでもなく「老」即ち先輩・長者に「子」を合わせたものであります。この字を今日の時世に徴して考えてみると、おそらくいろいろのことを連想されるでしょう。すぐ気がつくことは、今、流行語の一つである「断絶」ということです。これはドラッカーの「Discontinuity of Age」という書物から出た語でありますが、本当は「疎隔」と訳すべきであります。これについては翻訳者も、自分が訳したのではなくて、疎隔ではぴんとこないから、というので出版社の方で勝手につけたのだ、と何かで言い訳をしておるのを読みましたが、そのとおりで、本当は疎隔であります。しかし強調すれば、断絶と言ってもよいような現代である。

その「疎隔・断絶」に全く反対の「連続・統一」を表す文字がこの「孝」という字です。老、即ち先輩・長者と、子、即ち後進の若い者とが断絶することなく、連続して一つに結ぶのである。そこから「孝」という字が出来上がった。そうして先輩・長者の一番代表的なものは親であるから、親子の連続・統一を表すことに主として用いられるようになったのである。

人間が親子・老少、先輩・後輩の連続・統一を失って疎隔・断絶すると、どうなるか。個人・民族の繁栄はもちろんのこと、国家・民族の進歩・発展もなくなってしまう。

革命のごときものでも、その成功・失敗は一にここにかかっておる。一昨年、百年を迎えたわが明治維新は、革命の中の大成功の例であるが、その明治維新が、なぜかくも立派に行われたかということを考えれば、まことによくわかる。ご承知のように明治は四十五年であるが、内容的には第一次大戦まで続いたと見て約五十年、その五十年の間にあれだけの大発展をしたのであります。それに較べると、ソ連や中国はどうか。ソ連も昨年で革命政権を樹立してからちょうど五十年になるが、あのとおり、まだやっさもっさやっておる。同様に中国も、孫文《そんぶん》が広東で大総統になってから五十年たつが、ああいう惨澹たる光景であります。いかに明治維新が立派であったかは理屈抜きにわかる。

その立派に行われた理由の第一は、先輩・長者と青年・子弟とがあらゆる面で密接に結びついたということです。人間的にも、思想・学問・教養というような点においても、堅く結ばれておる。徳川三百年の間に、儒教・仏教・神道・国学といろいろな学問・教養が盛んに行われ、またそれに伴う人物の鍛練陶冶があったところに、西洋の科学文明、学問・技術がはいってきたために両者がうまく結びついて、ああいう立派な革命ができたのです。今、アフリカや東南アジアのあちらこちらで、革命・建設が行われておりますが、どうもうまくいっておらない。それはみな断絶ばかりで、連続がないからである。そこに向こうの悲劇があり、こちらの成功がある。「孝・孝道」というのはこのことである。

「孝」という字を見たとき、そこに思いが及んで初めて活学・活読と言える。単に「親を大事にして、親のために尽くすことだ」というようなことで済ませるから、ひねくれた伜《せがれ》どもが、何のために親に孝行しなければならぬのだ、というようなことになるのです。そのうえ馬鹿な教師がおって、「親子と言っても、要するに性欲の産物ではないか」などと、とんでもない説明を純真な子供に与えたりする。親子の説明がそうですから、いわんや教師と弟子、上役と下役、先輩と後輩などというものは推して知るべしで、断絶どころか、何でもかんでも反抗・闘争へ持ってゆこうとする。これは人間および社会の後退に通ずるものである。人間は進歩しようと思えば、統一がなければならない。「教育とは何ぞや」といえば、つまるところは先輩・後輩と長者・少者の連続・連結の役目をなすものでなければならない。要するに「孝」という字は、単に親を大事にして、親に尽くすという意味だけではなくて、〈親子・老少、先輩・後輩の連続・統一を表わす文字〉である。そういうことを知って『孝経』や論語を読むと、限りない教訓がその中に含まれておることがよくわかる。

「孝」と「疾」――連続と断絶

孟武伯《もうぶはく》孝を問う。子曰《しいわ》く、父母は唯《た》だ其の疾を之れ憂う。
孟武伯問孝。子曰、父母唯其疾之憂。
〔為政《いせい》第二〕

孟武伯が「孝とはどういうことですか」と尋ねたところが、孔子の言うのには、「父母はただ子供の病気のことだけを心配する」、だから病気にならぬように心掛けねばならない、というのが従来からの一般の解釈であります。つまり「疾」を「病気」と解釈する。確かに両親というものは、子供が病気をしないかということを一番心配する。これは最も卑近なところである。しかし乱暴をしたり、暴飲暴食をしたりするような、まだできておらぬ青年でも相手にするのならば話もわかるが、孟武伯ともあろうような堂々たる人間に対する言葉としては、少々幼稚すぎる、と私はかねて思っておったのです。したがってこれを読み換えて、「父母は唯だ其の疾を之れ憂へしめよ」〈病気は已《や》むを得ない場合もあって仕方ないが、その外のことで親に心配をかけてはならぬ〉という解釈でもおかしい。

それで、ずいぶんいろいろな注を読んでみたが、どうもしっくりするようなものがない。ところが『呂氏春秋』の注に、ちゃんと「〝疾〟は〝争ふ〟に同じ」——即ち「疾」を解釈して「あらそう」と同意としておる。これなら「孝」の答にぴったりです。おそらく皆さんの中にもおられると思いますが、近頃の伜は事ごとに反抗して、親の言うことを素直に聞かないので、ずいぶん悩んでおられる方が多い。「疾を憂うる」とはそのことを言っておるのです。つまり断絶を憂うるのである。

『呂氏春秋』の注釈に基づいて解釈すれば、この一節はそのまま現代に当てはまる。学問というものは面白いもので、いろいろ調べておると、どこかに必ず注解・注釈があるものです。注釈や注解などと言うと、いかにも煩瑣で厄介なもののように思いますけれども、そこにまた言うに言えない妙味がある。

皆さんもご承知のように、後漢《ごかん》が亡んで三国（時代）に移るきっかけをなしたものは、言うまでもなく有名な黄巾《こうきん》の賊（一八四年）であります。これは教匪と言って民間の通俗信仰の団体でありますが、その黄巾賊の巨魁は張角《ちょうかく》という人物でありまして、北支一帯に大きな勢力を張って、ついに革命闘争を展開するに至った。世にこれを「五斗米道《ごとべいどう》」、あるいは「太平道」と言うておる。

しかしもともとこれは張角がつくったものではない。張角より少し前、後に諸葛孔明がはいりました曲阜《きょくふ》地方に張陵《ちょうりょう》というものがおって、教団をつくり、その子張衡、孫の張魯の三代にわたって鬱然たる勢力を得た。それが朝廷から天師の号を賜って張天師と言うたところから「天師道」と言う。また信者にお布施として米五斗を献上させたために、五斗米道の名が出た。しかしこれは黄巾賊とは全く別物でありまして、その後天師道は曲阜から江西へ移って、南方道教の一つとして残ります。もう一人張修《ちょうしゅう》という者がおって、これが「太平道」をつくった。張角はこの二つを範にとって教団を組織したわけである。

この中にはなかなか面白い人物があって、中でも張陵の如きはシナ神仙伝の中に入れられ、また画題にもなっておるのでありますが、その彼らの教えの一つの条件に、太平清領書というものがあったことがわかっておる。今日ほとんど失くなって、その一部の太平経というものが残っておるにすぎないが、殺された張角もやはりこういうものを持っておったと言われている。ところがこれを調べてみると、豈図《あに》らんや、全く『孝経』に基づいて書かれておるのです。いわゆる「断絶」ではなくて、「連続」を強調しておる。言い換えれば報恩感謝が趣旨なのです。まず今までのことを懺悔し、姓名を三通の文章に記して、それぞれ天帝に告げるために山上に掲げ、地神に訴えるために地に埋め、水神に訴えるために川に流して、そうして自分を清浄にし、供養を献げて新しい生活に励む。これが本来の教旨であって、根本は一に「孝」である。だからこの道を守って衆生《しゅじょう》を済度してゆけば、立派な宗教であったが、だんだん信者ができるうちに、権力・支配の欲が出てきて、結局はああいうことになってしまった。

いろいろの欲望の中で、一番深刻なものは権力・支配の欲望である、ということはたびたび触れたことでありますが、これはいつの時代、どこの世界においても変わらない。ことにシナの歴史を見るとよくわかりますが、ほとんど歴代の易姓《えきせい》革命に際しては、即ち前王朝の末期には、宗教団体の匪賊が現れておる。どうも教団をつくってだんだん勢力ができてくると、俗世間の権力・支配の欲望を持つようになるものらしい。そうして争い、競争になって必ず失敗する。失敗するのは当たり前であります。

そもそも宗教というものは、俗世間を浄めて、民衆を正しい道に導く、即ち教化すべきものである。だから自ら俗世間と離れておらなければいけない。それを民衆と同じ世界へはいってきて、そうして民衆と同じように利益だとか、名誉だとか、権力・支配というようになると、これは民衆と同列になって争うことになるわけで、そうなると必ずその教団は堕落する。のみならず、ここにおいてその教化すべき民衆、およびその民衆を指導しておる、時の支配階級とぶつかるようになる。しかしそれらの勢力を圧倒して、自分が権力を握るなどということは、よほどの英雄がよほどの時運に恵まれたのでなければ、まず成功するわけがない。何百年、何十年それで鍛えられてきておる現世の英雄とか、将軍の方が強いに決まっておる。とうてい十年、二十年の駈け出しの宗教家などの及ぶところではない。だから結果は必ず惨澹たるものになる。少しく歴史を見、かつこういう教えを学べば、すぐわかることであります。

その点から言うならば、今の創価学会にしてもそうであります。俗世間から離れておって、これを浄化する意味の勢力が発展することはよろしい。しかし信者がたくさんできたために、それらを連れて俗界へはいって来て、俗界の名誉・権勢・利権などを争うようになると、これはもう堕落である。と同時にすでに歴史が証明済みの愚劣なことである。まして逆に公明党が攻撃されたからといって、創価学会と縁を切る、などというのはさらに愚劣なことである。それならば今まで何をしてきたかということになる。今までやってきたことは間違っていましたとあやまってしまっては、解党でもするほかはない。自分の修養・信仰を持つということは少しもかまわない。どこまでも創価学会の信仰を持って、これと関係を断つ必要はないのです。しかし公の政党として、その教団だけを金城鉄壁視し、外の者とはみな闘うのだ、というのでは、もはやそれは政党ではない。これによって国を救うということにならなければいけない。そのためにはその教えに従うだけの立派な宗教的信念や情熱、また心ある者がみな慕い寄ってくるような教団でなければいけない。こういうことは少し活学をやれば、明々白々簡単にわかることです。それをやらないから盲目の喧嘩のようなことを演ずることになる。

「孝」の次に論語を読んですぐ目につくのが「忠」という文字です。忠孝の二字は永遠の真理である。したがって永遠に新しい。論語が人の批評・時代の如何にかかわらず、とにかく出版すれば損をしないというのは、やはりそれだけの価値があるからである。

夫子の道は忠恕のみ――「忠」と「恕」の意味

子曰《しいわ》く、参《しん》や、吾が道《みち》は一以《いつもつ》て之《これ》を貫《つらぬ》く。曾子《そうし》曰く、唯《い》。子出《い》づ。門人問うて曰く、何の謂《いい》ぞや。曾子曰く、夫子《ふうし》の道は忠恕《ちゅうじょ》のみ。〔里仁《りじん》第四〕

子曰、參乎、吾道一以貫之。曾子曰、唯。子出。門人問曰、何謂也。曾子曰、夫子之道、忠恕而已矣。

「貫」はもとより「つらぬく」でよいが、別の注を穿鑿《せんさく》すると、「行うなり」というのもある。「吾が道は一《いっ》以て之を貫《おこな》う」その方がよい。孔子が参《しん》、即ち曾子《そうし》に、「吾が道はただ一を以てこれを行う」と言われると、曾子は「はい」と答えた。まるで禅問答のようで、ほかの門人たちには何のことかさっぱりわからない。そこでお師匠さんが出られた後で、「今のはどういう意味ですか」と曾子に尋ねた。すると曾子は、「先生の道は忠恕だけである」と言う。

実によい問答で、これはまた永遠の言葉である。時代に即して解釈すれば、今日もそのとおりであります。

「忠」とは、「中する心」である。「中」は、相対するものから次第に統一的なものに進歩向上してゆく働きを言う。「忠」とは、そういう心である。「中」は論理学でいうと、ちょうど弁証法がこれの一つの応用である。つまり正反合と進んでゆくのが「中」である。

これもいつか言いましたように、恋仲の男女が情死することを「心中」と言うのは、誰がつけてやったか知らぬが、実にうまくつけたものであります。情死では浮かばれない、解決も進歩もない。それをこの世ではいっしょになれないから、あの世でいっしょになって幸福に暮らそう、というので心から「中」する。言い換えれば現実の相対世界の矛盾を統一・救済して、一段高い次元に進むというのである。ところがこれは時どき失敗するので、「中」の字を「あたる」と読む。だから「中酒」というと、酒にあたる、つまり悪酔いするという意味である。心中もだいたい悪い方の中が多い。それでも心中と中の字をつけてやっておる。これはよほど物わかりのよい学者がつけたものに違いない。本当によくできた言葉であります。

人間の生活、長い歴史、文明も要するに「〝中〟の経過」であり、「中史」でありますが、そういう真心で努力しようとする気持がいわゆる「忠」である。だから日本語でこれを「まめやか」とも読む。しかし俗の「まめやか」は単に相対するものの間のごく平面的なものにすぎない。本当の「忠」は無限の統一・進歩である。その「忠」は言い換えれば「恕」である。

恕は「如」プラス「心」であるが、如の口は口《くち》ではなくて、領域・世界・本分である。これを「ごとし」と読むのは、「天のごとし、実在・造化そのまま」という意味である。仏教では「にょ」と呉音で読んで、最も普及した語となっておりますが、造化(註)そのままであるから、したがって仏そのままである。また如は「ごとし」と同時に、それと比較して接近する、いく、似るという字であり、ゆく、進行するという字でもある。宇宙・造化《ぞうか》は絶えざる創造であり、変化であるからである。

したがってこれは男では駄目で、どうしても女偏でなければならん。女はどんな馬鹿でもちょんでも子を生むが、男はいかなる英雄・哲人といえども生むことはできない。この点だけは男は女にかなわない。だから女が子を生まなくなる、嫌がるというのは、自然の原則に反する。造化の理法・宇宙の真理に反する。不具で子のできないのは仕方がないが、自ら進んで女が子を生むことを嫌がるようになれば、その民族は当然衰退・衰滅する。これは世界の文明史がちゃんと証明しておる。

それでは如心、即ち「恕」はなぜ「ゆるす」と読むか。造化の特徴は、第一に万物を包容して一物をも捨てない、と同時にこれを創造してゆく。この二つの特性が最も著しいものである。したがって如心と書いたこの「恕」は、その第一の意義は「ゆるす」である。本当にやさしい女は、両親で言えば、母はいきなり子を裁くことはしない。一応子供をゆるす、包容する。そこへゆくと親父の方は違う。理性の分野が本領であるから、どんな可愛い子供に対しても、一応その理性に基づいて子供を裁く、批判する。これは両親の分担・分業である。これが逆になると悲劇です。ところが近頃の父親どもはぐうたらになって、なんでもかんでも子供の思うようにさせて、裁くことをしない。そこで仕方なく母親がきつくなって、始終子供を叱りまくるということになる。こうなると陰陽が乱れる。

しかし「恕」はただ「ゆるす」のではなくて、造化の限りなく進歩向上するための包容であるから、どうしても忠を要する。したがってこれを結んで「忠恕」という。

両方を対照的に言えば、忠は進行型でどんどん進んでゆく方の意味を建前とし、恕はゆるすという意味の方を建前とするから、「忠」一字だけでも、「恕」一字だけでも、時どき使われておるけれども、〈一切を包容して、一切を進歩向上させてゆくのが大いなる造化の働きである〉から、どうしても「忠恕」でなければならん。その「忠恕」が〝夫子の道〟であるという。これは言い換えれば〈徹底した人道主義〉であります。（一二〇頁の同文解説参照）

〔編者註〕「造化」と人間について、著者はかつて『東洋倫理概論』の冒頭に次のように述べている。

造化と人間

人は常に己れを虚《むな》しうして造化に参《まじ》わらねばならぬ。試みに進化論によって生物発展の迹を探ねても、哲学によって認識の理法を考えても、宇宙人生は自己を実現しようとする絶対者の努力であり、森羅万象ひとしくその顕現にほかならぬことは明らかである。故にこの絶対者の努力を「造化」という。森羅万象の中にこの造化をもっとも端的霊妙に現わすものは人である。造化は人を通じて心を発《ひら》いた。心は人の心であると同時に、造化の心であって、造化は心によって自《みずか》ら「玄」より「明」に化し、人は造化の一物に過ぎずして、しかもこの心によって、またそのままに造化なのである。人がもの思うのは即ち造化がもの思うにほかならない。

さて造化は前述のように自己を実現しようとする絶対者の努力である。そこで造化のいずれの点（機境）を取っても、これで慊《あきた》ったということはない。そこには必ず無限の生成化育が含蓄的状態（未発の中）において在《あ》るといわねばならぬ。換言すれば、造化は絶対自慊なるものであって、かつ永久不慊なものである。人もまた異るところはない。人は何者の力で生きておるのでもない。自《おのずか》らにして生きておるのである。即ち自由であり、自慊である。同時に人はまたこれで慊《よ》いということのないものである。人という物の生活から、人という道の生活に無限に進まねばならない。その生活のどの一点（機境）を取るも、必ず無限に向上発達せずんばやまぬ不慊《ものたりなさ》にある。「天行健なり。君子自彊《じきょう》息《や》まず」（『易経』乾卦）というはこの理による。

第三章　論語の活読、活学——古典の秘義を解く鍵

自己の生そのものに徹せよ、もっと人間を知れ

季路《きろ》、鬼神に事《つか》えんことを問う。子曰《しいわ》く、未だ人に事うること能《あた》わず、焉《いずく》んぞ能《よ》く鬼に事えん。曰く、敢て死を問う。曰く、未だ生《せい》を知らず、焉んぞ死を知らん。

〔先進《せんしん》第十一〕

季路問事鬼神。子曰、未能事人、焉能事鬼。曰、敢問死。曰、未知生、焉知死。

これをたいていは、季路が鬼神に仕えることを孔子に尋ねたら、孔子は、「未だ人に仕えることもできないのに、どうして鬼神に仕えることができようか」と言われたので、敢えて死というものをどうお考えですかと訊くと、「未だ生を知らぬのに、どうして死がわ

かろうか」、と言われたというふうに極めて簡単に片づけてしまう。が、しかしこの言葉は、そんなに世間普通の学者が言うように簡単なものではない。孔子の心境がもっともっと深いものがあることは、最後の言葉だけでもよくわかるはずであります。

「未だ生を知らず、焉んぞ死を知らん」と言うが、それではいったい生とは何ぞや、死とは何ぞや。造化そのままの直接経験の世界、即ち「如」は、近頃流行の言葉で言えば実存というものは、これは生そのものであるが、そのせっかく与えられておる生を我々はいったいどれだけ知っておるか。生を本当に知ることは、死を知ることにほかならない。生と死は連続した一連の問題であるから、「生」もろくろくわからぬ者に「死」などわかるはずがない。だから人生はおろか、自分のことさえまだ本当に考えたこともない人間が、〈死とは何ぞや〉というようなことを云々しても始まらない。それは観念の遊戯にすぎない。だから「もっと自己の生そのものに徹せよ」、というのが孔子の考え方であります。したがって鬼神などというものは、よほど自分のできた人の考えることであって、鬼神よりも何よりも、まず自分のことを何とかせよ、もっと汝自《なんじみずか》らを知れ、もっと人間を知れ、そうして死がどうのこうのと言う前に、生をよく悟れ、ということになる。

まあ、こういう時代、こういう民衆の世の中になればなるほど、限りなく論語というものが思い出される。日常いろいろの問題や現象にぶっつかって、考える。考えると、ことごとく論語に書かれてある。こんなことにまで触れてあったか、こんな問題まで出ておったか、というふうにそれこそ限りなく気がつく。ことに初めに申しましたように、弘法大師のごとく「了了」とまではゆかなくとも、いささか了して、おぼろげながら物事がわかってくると、暁になってくると、論語という本は本当にえらい本だなあと思う。そうして、えらい本だなあとわかればわかるほど、ずいぶん子供の時から馴染んで、もう十分わかった心算《つもり》でおったけれども、本当は少しもわかっておらなかったということがわかる。「論語読みの論語知らず」であったなあと思う。「論語読みの論語知らず」という語は、世間の人間が利口そうな奴をからかうだけのことではなくて、全くこれは自分自身に言う言葉であったということが、わかればわかるほどわかる。ところが世間には、何もわからぬくせにわかったような顔をして、わかったように思って、利口そうにしゃべったり、書いたりする者が無数におる。それが、やれ思想だ評論だ、ジャーナリズムだタレントだ、というようなことで、わざわざ世の中を引っかきまわしておる。

そういう利口ぶってのぼせ上がっておる、浅薄な思想家や評論家に冷水を浴びせるような行き方をしたのが、老子であり、老荘思想である。それに対してあくまでも諄々《じゅんじゅん》と説得するように進んで行ったのが孔孟の学問であります。老荘と孔孟とはシナにおける文化の二大本流であるが、わが神道の行き先はまたこれらとは異なる。人間本然の世界をどこまでも汚さずに、下流に対する源泉の神秘を浄化して、それを保ってゆこうとするのが、日本の神道であります。

「佞」の意味

昨年水戸の常盤神社に義公水戸光圀《みつくに》公の鑽仰碑が建てられました時に、その碑文を依嘱されまして、お蔭でずいぶん義公や水戸学に関する文献を渉猟《しょうりょう》したわけでありますが、こういうものを見ておりますと、私にはまるで現代世界の、あるいはこれからの世界の歴史を読むような気がするのであります。この頃は一九八五年グループだとか、二〇〇〇年グループだとかといった、いわゆる未来学派なるものがたくさんありまして、私もそれらに関するものをいろいろ読まされるのですが、そういうものとはまた別の調子の、これからの歴史の原作と言うか、種本でも読んでおるような気さえする。やはり歴史を学ばねばならぬとしみじみ感ずるのであります。これは論語を読んでも同じことでありまして、今日の人間が考えるようなことはことごとく論語に書いてあります。

論語について、こういう現代のような時代に特に思い出すのは、胸に一物を持って、時代の興味ある問題、あるいは時代の一つの勢力・運動に、迎合したり、煽動したり、参加したりする心術の卑しい、唾棄すべき、いわゆる曲学阿世というものであります。ことに戦後、進駐軍のおりました時期には、ことごとくこれに阿諛《あゆ》迎合して、その工作に得意になり、何事によらずアメリカニズム、アメリカ礼讃がはやりました。ところがその後、日本が独立し、アメリカが撤退しますと、掌を返すようにしてソ連共産主義を謳歌し、スターリンを礼讃する思想家や評論家・学者がたくさん出てきた。やがて少しスターリンの勢力が衰えてフルシチョフの時代になり、同じようにスターリンの打倒をやる、と思っておるうちに毛沢東がはやりだすと、今度はフルシチョフを駈け足で通り過ぎて中共に阿諛迎合する。

実に目まぐるしいと言うか、浅ましいと言うか、情けない限りであります。しかしこれはよほどの見識とか、信念とか、気概というものを持っておる人でないと、はっきりどこがいけないと批判できない。そこで内心は甚だ不安でありながら、心ならずもそれらに追随してゆく人々がたくさんできる。そういう人々を俗な言葉で進歩的文化人と言う。もっともこういう連中は、昨年・一昨年の学生暴動で、反体制派・過激派の騒動で、皮肉にも自分たちが煽動した連中によって軽蔑され、排斥されるという、笑えない悲劇を演出して、とみに勢力が後退しましたが、しかしこういう曲学阿世はいつの時代にもある。常に時代の変化に伴うものである。論語を読んでもそれがおる。始終出てくる「佞人《ねいじん》」がそれであります。

「佞」という字はたびたび解説したように、佞と書いては面白くない。これは佞、あるいは佞と書くのが本当でありまして、佞は仁＋女、佞は信＋女である。意味はあまり変わらないけれども、いずれにしても情けのある、まことのある女性から出る優しい嬉しい言葉、意志の表現が「佞」というものである。本来は善い意味の語であります。したがって明治時代までは、よく手紙などでも、自分のことを「不佞」と書いたものです。不佞とは「へつらわない」ということではなくて、「自分はまだ心ばえができておらない、仁・信から出る優しい行き届いた挨拶ができない」つまり「ろくな挨拶もできない私です」という意味である。人間というものは、本当にちょっとした言葉から、嬉しくもなり、腹も立ち、喧嘩もする。あいつ、こういうことを言いよった、というようなことから問題が起こる。これが人間関係の重大な内容です。その意味で、不佞と同様一人称を表すものに「不敏」という語があるが、これは「気が利かない」ということですから、不佞の方がよい。

　ところが、その「佞」がだんだん後になるほど、一般に広く使われるようになるほど、初めの善い意味が悪く変わってしまって、佞奸邪智などと言うふうに、全く仁や信を持たない人間を、実はまるで裏はらでありながら、いかにも言葉だけはうまいことを言うて、人を煽動したり、味方したり、どうかするとそのためにしてやられる、といった悪い意味に使われるようになりました。論語の中にも、もうすでにより多く悪い方へ使われておりまして、盛んに「佞人」が出てくる。それで戦後、さきほど言いましたような風潮になって、いろいろ不愉快な人間が出てきたときに、論語を読んで、ああいう種類の人間はここに出ておった、こういう種類の人間はあそこに出ておった、というわけで今さらのごとくこれを読み直したことがしばしばありました。例えば、

子曰《しいわ》く、巧言令色《こうげんれいしょく》、鮮《すくな》いかな仁《じん》。
子曰、巧言令色、鮮矣仁。
〔学而《がくじ》第一〕

口先がうまくて、いかにも表面はよいが、中身がない、仁がない。これは表現が違うだけで、佞と同じことであります。

直接「佞」の字を使って面白いのは、

口の上手な者を退けよ

顔淵《がんえん》・邦《くに》を為《おさ》むることを問う。子曰《しいわ》く、夏《か》の時《とき》を行《おこな》い、殷《いん》の輅《ろ》に乗り、周の冕《べん》を服し、楽《がく》は則ち韶舞《しょうぶ》、鄭声《ていせい》を放ちて、佞人《ねいじん》を遠ざけよ。鄭声は淫《いん》、佞人は殆《あや》うし。

顔淵問爲邦。子曰、行夏之時、乗殷之輅、服周之冕、樂則韶舞、放鄭聲、遠佞人、鄭聲淫、佞人殆。〔衛霊公《えいれいこう》第十五〕

顔淵が国の治め方を尋ねたら、孔子の言われるには、「夏《か》の暦を使い、殷《いん》の木の車（質素なもの）に乗り、周の冠（上にかぶりものがついて前後に房がある）をつけ、音楽は舜の韶の舞いにかぎる」。ここまではどうでもよろしい。問題はその後であります。即ち「鄭《てい》の音楽をやめて、口の上手な者を退けよ。鄭の音楽はみだらであり、口の上手な者は危険である」と言う。

これを読むと、さぞかし皆さんは現代を思い出すでしょう。正に今日は鄭声・佞人の時代であります。これを何とか排除しないと、改めないと、世の中は救われない。

言うまでもなく、音楽というものは、人間の性情・ありのままを最もよく表すものであります。それだけに音楽をみれば、その時代の人間の考え方、世の中の有様がよくわかる。その音楽の元は声でありますが、これにはまた深い意味がある。軽薄な人は軽薄な声、重厚な人は重厚な声、素朴な人は素朴な声を出す。声を芸術的に養うと、声楽というものになりますが、しかしいかに上手になっても、その人の地声・声質は変わらない、どうにもならない。

また音楽といっても、古典ではいろいろ区別がありまして、『詩経』によると、特殊な専門家のものではなくて、この頃の歌謡曲のように一般民衆に広く普及するものを「風」といい、これに対して朝廷の正式の会合に使うのが「雅」、中でも最も本格的なものを「大雅」という。これを結んで「風雅」であります。風雅、ことに「風」を見れば、その民族、その時代の風潮がよくわかる。

この頃、歌謡曲がテレビ・ラジオで大流行であります。先日も近くの床屋へ行って頭を刈ってもらっておりましたところが、もう朝からラジオのかけっ放しで、それも放送されるものは俗歌ばかりです。それで床屋の主人に、「一眠りしようと思ってきたが、これではとても……」と言いましたら、笑って少し声を低めてくれましたが、お蔭で私もそののべつまくなしの放送を聞かされて、いろいろ感じさせられました。「鄭声は淫」と言うが、確かにそのとおりですね。なるほど節《ふし》廻しはうまいが、実に野卑というか、低級軽薄というか、上《うわ》っ調子で、修養だの、訓練だのができた、というようなものが全く感じられない。それだけに卑しい、淫らそのものです。しかもこれを歌っておるのが、だいたいみな若い男女であることを考えるとき、こういう歌がどれだけ日本の青少年を毒するか、私はしみじみ心配せざるを得なかった。正に鄭声は淫であります。

鄭というのは、周の時代で言いますと、ちょうど黄河の中流にあって、都の洛陽《らくよう》の対岸に位置しておった。衛《えい》はその下辺にあって、共に周の都に最も近い国である。江戸時代であれば、親藩の封ぜられたところであります。したがってその頃も今日と同じで、一番文化的であり、それだけにまた、より早く堕落し、浮華軽薄になった。そうなると必ずエロチシズムになる。

いつか明治・大正の歴史の変遷をお話しした時にも触れましたが、時代の頽廃度を観察する上に非常に参考になる三つの基準がある。それは第一次大戦後にはやった三つの流語でありまして、エロ・グロ・ナンセンスの三語であります。今度の第二次大戦の後も結局この三つに要約することができる。まず頽廃現象の初めはエロでありまして、エロは人間の気力を麻痺させる。ところがまだ生命力が残っておると、いつかエロに反発する時期がくる。そうして何か強烈な刺激を要求するようになる。ところがもうすでに頽廃しておるのですから、とうてい健全な刺激には耐えられない。だから刺激は刺激でも変態的な刺激を要求するようになる。それがグロテスクというものであります。そうしてさらに進むと、今度はナンセンス、すべてが無意味ということになる。ナンセンスの次は破壊よりほかにはない。現代も周の時代もその点少しも異なるところがありません。

ところが、そういう時代にまた、無理矢理にこじつけてこれを弁護する変な思想家や学者が出てくる。まことに困った現象です。極端な例をとれば、あのシージャックやハイジャックの事件であります。ああいう、もうすでに警察官を狙撃したり、負傷させたりして、ライフル銃を乱射しておるような者を、警察官が射殺したからといって、これを告訴する弁護士がある、それにまた共鳴する者が出てくる。こういうのは明らかに佞人の部類であるから、速やかに排除しなければならない、排除しなければ国が危うい。

と言うのは、人間の性質というものは物質の成分と同じことで、いろいろの分子から成り立っておるからです。善分子もあれば、悪分子もある。佞などという素質もみな何分か持っておるわけです。ただそれが配合の如何《いかん》によって、表面に出たり、消えたりするにすぎない。だから佞人が出て、その毒が強ければ大衆の中から、佞人の方へ傾く者がたくさん出てくるし、反対に気節の士が出て、その力が強ければ大衆の中から、逆にその感化でぞくぞく気節の士が出てくる。これが人間界の現実の姿であります。したがって佞人が出て来て、それが一世を風靡するということになると、佞人というものは、もったいらしい理屈をつけて、その傾向をあおることが非常にうまいだけに、これくらい危ういことはない。確かに「佞人は殆《あやう》いかな」でありまして、本当に現代にぴったりの言葉であります。時代の違いを忘れて、感嘆禁じ得ないものがある。

佞人は時流を煽動する

微生畝《びせいほ》、孔子に謂《い》いて曰《いわ》く、丘《きゅう》、何為《なんす》れぞ是れ栖栖《せいせい》たる者ぞ。乃ち佞《ねい》を為《な》すこと無からんや。孔子対《こた》えて曰く、敢えて佞を為すに非ざるなり、固《こ》を疾《にく》むなりと。

〔憲問《けんもん》第十四〕

微生畝謂孔子曰、丘何爲是栖栖者與、無乃爲佞乎。孔子對曰、非敢爲佞也、疾固也。

これまた調子の変わった、「佞」から現代を考えさせられる一節であります。微生畝《びせいほ》というのは隠者、即ちその時代にあきたらないで韜晦《とうかい》しておる人物の一人でありますが、それが孔子に対してこう言った、「丘《きゅう》（孔子の名）さん、あなたはどうしてそんなに栖栖《せいせい》、――栖はすむという字、忙しい貌――せかせかと忙しく立ち廻るのであるか。結局は佞を為《な》しておることにならないか」と。要するに、あなたも時代に迎合しておるのではないか、とこういう批評なのです。「乃ち佞を為すこと無からんや」の無は、この場合「むしろ」と読んで、「むしろ佞を為すか」と言うた方がはるかによろしい。

忙しく立ち廻ることがどうして佞を為すことになるか。

確かに佞人というものは忙しい。自由自在に迎合したり、あるいは時流を煽動したりするのですから、どうしても忙しくなるのは当然であります。またそういう連中に限って自分も好んで立ち廻るものです。ところがこれにあきたらぬような人は、一部の勇敢な人は別として、心中苦々しく思いながら、たいていは時代の表面に立って活動することを潔《いさぎよ》しとせずして、むしろ隠遁的になりがちであります。その極端な例が現代の日本であります。マスコミに躍るような人々は、だいたい言わば佞人でありまして、それにあきたらない人々の多くは引っ込んでおります。こういう人々を引っ張り出して活用すれば、現代を救う上に大きな力となるのですけれども、一部の人々によって支配されておるマスコミはもちろん取り上げない。まことに惜しいことであります。

しかし孔子という人は違う。孔子は、今日の言葉で言えば、徹底した人道主義者でありますから、当時の隠者のようにあきたらざる心を懐《いだ》いて、ただ腕組みをしてじっと見ておることができなかった。いかに世に容《い》れられずとも、むしろ容れられなければ容れられぬほど、進んで世のため人のために正義を主張しよう、正しき道を明らかにしよう、というので生涯ああいう活動を勇敢に続けたのであります。それが隠者の微生畝には気にくわない。隠遁的・傍観的な人間から見れば、孔子のように時代の表面に立って活動する人物は、はなはだ面白くないわけです。

ことに微生畝という人は、本当の意味の超越的な隠者ではなくして、多分に懐疑的であり、時代に対して皮肉・冷笑を持っておる。隠者にもいろいろあって、論語を読んでもさまざまな隠者が出てまいりますが、一切を超越し切った、いわゆる隠者もあれば、ともすれば世の中を白眼視して、諷刺や皮肉を言って楽しむ隠者もある。微生畝などは後者の部類に属する人であります。しかし諷刺や皮肉も度が過ぎると、よほど上手にやらぬと、かえって根性が卑しく見える。しょうことなしに隠者になっておるように見える。こういう隠者には狷介《けんかい》な人が多い。そういう性格の隠者である微生畝が孔子に対して、忙しく立ち廻るのは時代に媚びておるのではないか、何か欲しいのではないか、とこう言うのであります。

これに対して孔子は、「敢えて佞を為すに非ざるなり、固を疾《にく》むなり」、自分は時代に媚びておるのでも何でもない、ただ固、かたくな・頑固というものが嫌だからであると言われた。言い換えれば、人間はどこまでも人道的でなければならん、今日の言葉で言えば、良い意味において、どこまでも人間的でなければいかんということです。

四を絶つ

子《し》、四を絶つ。意毋《な》く、必毋く、固毋く、我毋し。

子絶四。毋意、毋必、毋固、毋我。

〔子罕《しかん》第九〕

孔子は四つのことを絶《た》たれた。私意・私心というものがなく、自分の考えで事を必する、即ち独断し専行することがなく、進歩的で、かたくななところがなく、我を張らなかった。

これは論語を読むほどの人で知らぬ者のない有名な言葉でありますが、ことに固――かたくなということは一番いけない。よく世間には、大変いい人なんだけれども、どうもかたくなでいけない、というような人がありますが、こういう人はともすれば、世の中を白眼視したり、他人のすること為すことに文句を言ったりするものであります。だから進歩がない。孔子もこの固ということを一番嫌ったようであります。

勇気はあれども使いものにならず

子《し》曰く、道行《みちおこな》われず、桴《いかだ》に乗りて海に浮かばん。我に従わん者は、其《そ》れ由《ゆう》か。子《し》路之《ろこれ》を聞いて喜ぶ。子曰く、由や、勇を好むこと我に過ぎたり。材を取る所無し。〔公冶長《こうやちょう》第五〕

子曰、道不行、乗桴浮于海。従我者其由也與。子路聞之喜。子曰、由也、好勇過我。無所取材。

由《ゆう》は子路《しろ》の名前であります。孔子が言われた、「天下に道が行われない。いっそのこと筏《いかだ》に乗って海に浮かびたいと思う。その時自分に従って来る者は、まあ、由であろうか」と。孔子の感慨無量の言葉であります。徹底した人道主義者の孔子にして、こういう歎息があった、と言うよりも、否、それだけにいっそう、その歎息が深かったわけである。筏に乗って海に浮かぶとは、今日であれば、どこかに亡命したいとでもいうところでありましょう。しかし亡命すると言っても、中国とか、ベトナムとかいった外国の、栄枯盛衰常ならぬ、易姓《えきせい》革命を繰り返して来たような国の人間ならば、これは大いに余裕があるが、日本のような国で、こういう歴史を持ち、民族精神を持っておる人間はとうてい亡命に耐えられない。

今度の大戦後、オーストリアのS・ツワィグという人がブラジルへ亡命して、一躍有名になったことがある。しかし結局彼は、自分が命をかけてきた祖国は――当時オーストリアはソ連に占領されて、その衛星国になっていた――全く自分と相容《あいい》れぬ共産政権下に陥ってしまった。もう生き長らえて再び故国に帰るメドがなくなった。これでは亡命して生きておっても、何の楽しみもない、と言って自殺してしまった。

S・ツワィグにして然《しか》りであります。とても日本人の我々など亡命に耐えられるはずがない。仮にお互いがブラジルなり、どこなりへ行ったとしても、志があり、情操があればあるほど、年寄りは年寄りなりに、若者は若者だけに、とてもそういう生活に馴染めるものではないと思う。やはり一番なつかしいのはこの故国日本であり、祖宗の地である。

だから日本人は外国へ行くと弱い。私も外国を廻ってしばしば感じたことでありますが、到るところで意気地ない日本人に遇うた。そういう連中はほとんど神経衰弱です。これは当然のことで、幾千年来祖宗から受け継いできた美しい人情・風俗、風光明媚な国土は、外国に較べると、はるかに人間的でありまして、したがって日本人は少しく故国を離れていると、みな神経衰弱になる。といって自殺するほどの勇気もない。そこでくずれた変な人間になってしまう。もししっかりした精神や情操を持った人であれば、やはり自殺するか、何か仕事をするか、そうでなければ自国に帰って、闘うよりほかはないと思う。少し道楽に、勝れた亡命者の文学書や哲学書を読んだことがありますが、ますますその感を深くしたことです。
　さて本文に返って、孔子が、道が行われないので海に浮かびたいが、その時に自分に勇ましくついてくる者は、おそらく子路であろう、と言われたものですから、それを聞いた子路は喜んだ。すると孔子は、「子路や、お前は勇を好むことについてはわし以上だが、どうもあまり素朴で、道具にならん、使いものにならん」とこう言われた。つまり最初は勇敢についてくるが、すぐ悲鳴を上げるのはお前ではないのか、と言う孔子の評であります。
「材を取る所無し」については、「筏の材料を取るところがない」などというふうにいろいろ解釈がありますが、ただいまのような解釈は一般の解説書には書いていない。太平の先生というものは、そういうことを考えないものです。しかし西洋の哲学や文学を少し道楽した者から言うならば、別に難しい解釈ではない。亡命というものは、細やかな心情を持って、自分の内面生活に生きられるような人には、持ちこたえられるが、ただ本能的な勇気・気概というものだけでは、かえってもろいものである。だから、ただいまのように解釈しても少しも誤りではない、と私は思う。（七二頁の同文解説参照）
　そういうふうに論語というものは、現代の世の中、また現代の諸国、あるいは哲学や文学というようなものに、いろいろと思いを馳せることができる。そうして論語は、最も古くしてかつ新しい本だなと思う。と同時に、まだまだ自分は本当に論語が読めておらなかったなあ、としみじみ感ずるのである。

利は智をして昏からしむ

今の世の中の問題点の一つは、今日の日本の経済に対する不安であります。つい昨日までは、日本の経済の驚異的な発展は世界の奇蹟であるとか、GNP（国民総生産）がアメリカ・西ドイツに接近してきたとか、などと言われて、ずいぶん外国からも礼讃され、謳歌されてきたのでありますが、しかし昨今になっていつの間にか、その讃美が変わってきて、日本人は以てのほかのエコノミック・アニマルであると言われるようになり、あげくのはては、それに加えてエロチック・アニマルなどという、はなはだ芳しからざる汚名まで浴びるようになった。そうしてこの夏頃から、外国の批評ではなくて、日本の国内から、日本経済に対する不安や、憂鬱な見込みがささやかれるようになり、今まで大言壮語して自慢しておったのが、急に顔色を変えてあわてだした。

これは、いったいどうしたことであるか。私は経済は専門ではないし、特に研究もしておりません。したがって私の言うことは常識にすぎない。けれども日常経済界の人たちや、あるいは経済に関する諸問題のエキスパートといった人たちと始終、会合などで同席して、否でも応でも耳にしたり、また意見を請われたりするものですから、自然と経済の問題も考えさせられるわけでありまして、その点から率直に言うならば、答案はちゃんと論語や四書五経の中に書かれてある。書物を読んでも、すぐ実社会の問題に結びつかないような読み方は駄目でありまして、こういうのを死学問・死読と言う。我々はすべからく活学・活読でなければならん。また本当に自分の思索とか、体験とかいうものが生きておれば、自ずから現実の問題に結びつくはずでありまして、今日の経済問題も、その点から言えば決して珍しいことではない。わかり切ったことである。

例えば、この講座でもお話ししたことがありますす『史記』「列伝」の中に、

「利は智をして昏《くら》からしむ」

という名言がある。それは「利」というものは、目先のものであり、官能的なものだからである。言い換えれば利は枝葉末節のものである。だから単にそれだけに捉えられておると、人間は馬鹿になってしまう。実際この言葉のとおりでありまして、それだからこそ人間はみな利益を追うてやまぬけれども、成功する者が少なくて、むしろ失敗したり、罪をつくったりする者の方が多いのである。また自分では成功したつもりでおっても、案外まぐれ当たりが多いのである。

己れが己れを知らないことの方が問題だ

子曰《しいわ》く、人の己れを知らざるを患《うれ》えず、己れ人を知らざるを患う。
子曰、不患人之不己知、患己不知人也。〔学而第一〕

唐代の名高い陸徳明の「経典釈文」によると、「己れ人を知らざるを患《うれ》う」の人が、人がない。つまり「己れ知らざるを患うなり」となっておる。けれども解釈は人の有無にかかわらず、「人が自分を知ってくれないということはどうでもよい、そもそも自分が人を知らないことが問題である」

というのが昔からの通説になっておる。

しかしどうも私はこの頃になって、その解釈にあきたらなくなってきた。なるほど、人を知らないことが問題だ、という解釈も決して悪い解釈ではない、むしろその方が一般にわかりやすいかもしれぬけれども、もっとつっこんで考えると、

「人が己れを知ってくれようがくれまいが問題ではない、そもそも己れが己れを知らないことの方が問題だ」

と解釈した方が、もっと私には切実に感じられる。というのは案外人間と言うものは自分自身を知らぬものだからであります。自分が自分を知らないのであるから、人が自分を知らないのは当然である。したがって、問題は、まず己れが己れを知ることでなければならぬということになる。

もっともこういう解釈はこの年になって初めて考えたわけではありません。若い時にも考え、またそれを人に講じたこともある。けれども若い時のそれは、いわゆる論語の研究というもので、どうも知識が主になって、本にはこう書いてあるが、この方がむしろ当たっておるといった調子で、自分の批評なり、解釈なりに誇りを持つようなところがあった。しかしもうこの年になると、そういう色気がなくなってしまって、しみじみ自分自身そう思うようになってきました。本当に人間というものは幾歳になっても、自分というものが一番わからんものであります。（二二二頁参照）

いつかこの講座で楠木正成《まさしげ》の話をしたことがあります。ある時、正成が奈良街道を歩いておって、偶然一人の僧と道連れになった。だんだん話をしておるうちに突然僧が、「あなたは、何と言うお方ですか」と訊くので、「自分は楠木多聞兵衛正成です」と答えたところ、しばらくして僧が「楠木多聞兵衛正成」と呼んだ。自分の名前を呼ばれたので、「はい」と返事をしたら、「それは何ですか」と質問してきた。正成はぐっとつまって答えることができない。それが契機となって正成は学問をするようになったという逸話でありま す。あまりうますぎる話なので、本当にあったかどうかは疑わしいけれども、己れを知らざることの例話として実に面白いと思う。たいせつなことは、まず自分が自分を知るということである。そこに気がつけば、人のことなど苦にならなくなる。学而篇のこの一章はそれを教えてくれておると私には思われる。

人間は真心が根本、礼は後の仕上げ

子夏《しか》問うて曰《いわ》く、巧笑倩《こうしょうせん》たり、美目盼《はん》たり。素《そ》以て絢《けん》を為《な》すとは、何の謂《いい》ぞや。子《し》曰く、絵《え》の事《こと》は素を後《あと》にすと。曰く礼は後か。子曰く、予《われ》を起《おこ》す者は商なり。始めて与《とも》に詩を言うべきのみ。〔八佾《はちいつ》第三〕

子夏問曰、巧笑倩兮、美目盼兮、素以爲絢兮、何謂也。子曰、繪事後素。曰禮後乎。子曰、起予者商也、始可與言詩已矣。

子夏が、「笑うとエクボが出て何とも言えぬ愛嬌があり、目元がぱっちりとして美しく、白い素肌にうっすらと白粉を刷いてますます美しい」、と言うのはどういう意味ですか、と尋ねた。始めの二句は『詩経』衛《えい》風の中にある。衛国の荘姜《そうきょう》という美婦人を評したもので、後の一句は今の『詩経』に伝わっていない。素絢《そけん》（白いあやぎぬ）という熟語がありますが、素は色で言えば白です。赤・青・黄と、さまざまな色があるけれども、つきつめてゆけば最後は白になる。化粧も結局はこの白色の使い方である。

そこで孔子は、「絵画では一番最後に白い絵の具で仕上げをするものだ」と言われた。「素を後にす」は、「素より後にす」と読んで、素を素質、即ち忠信の意味とする説もありますが、これはどちらでもよい。問題は白だということです。装飾文化に限らず、何事に徴しても素を出すことが大事である。これが「素以て絢と為す」ということです。大塩中斎（大塩平八郎）は「後素」と号しておりますが、味わってみると面白い。

また『中庸』には、

「君子は其の位に素して行い、其の外《ほか》を願わず。富貴に素しては富貴に行い、貧賤に素しては貧賤に行い、夷狄《いてき》に素しては夷狄に行い、患難に素しては患難に行う。君子は入るとして自得せざる無し」

即ち君子というものは、自分の地位・存在する所に基づいて為すべきことを為し、その分に安じて外《ほか》のことを求めない、と言うておる。これも同じ意味の素であります。

結局、人間の美というものは、その人間の素、生地《きじ》にある。性質から言えば素地・素質にある。これを磨き出すことが一番であります。絵画は、いろいろの色彩の絵の具を使うけれども、最後はやっぱり素、いかに生地を出すかということに苦心する。そのために白を使う。人間も同じことで、いろいろのものをつけ加えるということではなくて、その人間の素質を生き生きと出すようにするのである。と言っても、持って生まれたものをそのまま醜くむき出しにするのではない、美しく映《は》えるように磨き出すのである。学問も教養も、修養も信仰も、すべて持って生まれた素質・生地を磨き出すのでなければ本物ではない。またそれでなければつくりものになって、活きてこない。ところが、たいていはごたごたと塗りたくったり、飾り立てたりして、活人の生地・素質はどこかへ隠れてしまっておる。

最もよい例はこの頃の化粧です。せっかくの目を青くしたり、まゆ毛をくっつけたり、その上似合いもしない毒々しい色彩の服を着込んだりして、文字どおり妖そのものの恰好をしたのがたくさんおる。これは大きな錯覚で、誰が見てもおかしいが、しかし、それを手放しで笑うことはできない。いい年をした相当立派な教養あるべき男でも、むりやりに金だの、地位だの、名誉だの、というものを欲しがって、「沐猴《もっこう》にして冠す」と言うけれども、一向自分の生地は何もないのに、猿が冠をかぶったような人間が多いのです。これは自分の空虚を粉飾しようというとんでもない錯覚である。つまり己れが己れを知らざるからである。

易《えき》に山火賁《ひ》という卦《け》がある。賁は「かざる」である、と同時に「やぶる」の意味がある。人類・民族の一番の飾りは文明・文化であるが、これがひっくり返ると、人類・民族はやぶれる、破滅する。賁に忄偏をつけると憤になるが、これもある意味では発憤になって大事だけれども、まかり間違って腹立ちになると、ろくなことはない。健康に一番悪いのは、私心私欲で腹を立てることである。これも前にお話ししたことでありますが、アメリカの科学者の実験によると、腹を立てて人を傷つけたり、殺したりした人間の息を冷却すると、液化して毒々しい栗色のかすとなり、それをモルモットに与えたら頓死した。しかもその毒性はアメリカの薬局法による在来のいかなる毒薬よりも猛毒であった、ということが証明されておる。したがって私心私欲で腹を立てることくらい悪いことはない。その意味で、素絢は素賁と言うてもよい。例えば頭が白くなるのは白賁で、これも確かによいことである。と言っても髪ばかり白くても駄目である、中身もそれに伴って白賁にならなければいけない。

これを聞いて子夏曰く、「礼は後か」、人間は真心が本で、礼は白粉と同じように後仕上げでしょうか、と言った。すると孔子はこう言われた、「自分を啓発してくれる者は商（子夏の名）である。商のごとき人間にして初めて共に詩を語ることができる」と。

仁者こそ能く人をにくむ

子曰《しいわ》く、惟《た》だ仁者のみ能《よ》く人を好み、能く人を悪《にく》む。
子曰、惟仁者能好人、能悪人。
〔里仁《りじん》第四〕

仁者は人を好むが、人を悪《にく》むことがない、と思うのが普通でありますが、決してそうではない。仁者というものは最も真実の人であるから、仁者こそ間違いなく善い人を善いとし、悪い人を悪いとする。確かにこれは真実であります。ところが、その次に一見反対のことが書いてある。（九八頁の同文解説参照）

好き嫌いが激しいのは利己的でけちな証拠

子曰《しいわ》く、苟《いやしく》も仁に志《こころざ》せば、悪むこと無きなり。
子曰、苟志於仁矣、無悪也。
〔里仁第四〕

普通は「悪む」を「あしき」と読んで、「いやしくも仁に志せば、悪いことはなくなる」と解釈しておる。けれどもこの場合は「にくむ」と読んで、しりぞける・拒否する、の意に解する。即ち「いやしくも仁に志せば、人の言う事を、あれもいけない、これもいけない、というふうにしりぞけることをしなくなる」と解釈する方がよい、と私は思う。「仁」はいろいろの意味に用いられておりますが、最もよく論語に出てくるのは、天地が万物を生成化育するように、我々が万事に対して、どこまでもよくあれかしと祈る温かい心・尽くす心を指す場合である。したがって、とにもかくにもその仁に志すようになれば、何事によらずその物と一つとなって、その物を育ててゆく気持が起こってくる。

だから好き嫌いが激しいというのは、要するにまだ利己的でけちな証拠である。少し大人になると、自然に何事にも好感が持てるようになる。幕末、鹿児島に貧乏暮らしの変わり者がおった。ある冬の寒い晩に一人の泥棒が忍び込んだが、目ぼしいものは何一つない。泥棒もあきれてうろうろしておると、いきなり暗闇の中から、「おいっ！」と声がかかった。びっくりして飛び出そうとしたら、「待て待て、逃げなくてもよい。それにしても泥棒も大変だなあ、この寒いのに……」と言われたものだから、泥棒もびっくりして思わず尻餅をついて、お辞儀をしたという話がある。正に「悪むことなきなり」です。そういう気持になれば、世の中に腹の立つことはなくなる。

私なども昔はよく、あいつはけしからんとか、頭が良いとか、ずいぶん人のことが苦になったが、この頃は全くそういう気持がなくなった。悪いことをやったなどと聞くと、もう少し気の利いたことができんものかなあ、と反対に同情ができるようになった。

この間も、遠慮のない家の母娘に遇いましたが、結婚の話が出て、お母さんは「なにぶん家の娘は不器量で……」と言って盛んに歎くのです。しかしどんな不器量な女でも、自分が不器量だと思っておる者はまずない。どこかに必ず取り得《え》を発見しておる。いわゆる自から恃《たの》むところがある。これは天地が人間に与えておる取り得、つまり仁である。仁は果物でいえば種であり、胚です。だから「自分は不器量だ」と言うのに相槌を打って、「そうですね」とでも言おうものなら大変なことになる。

同様に「俺は馬鹿だ」とよく言うが、あれも一つの自慢であって、どんな馬鹿でも馬鹿は馬鹿なりに、自分に一つの取り得を持っておる。また確かにあるものです。「鬼も十八、蛇《じゃ》も二十《はたち》」と言うて、娘ならば、愛嬌がよいとか、何とか、と必ず何か美徳がある。それを褒めるのです。不器量だというので慰めるつもりで、「どうしてどうしてお嬢さんは美人ですよ」などと褒めると、かえって相手を辱しめることになる。だから私もその母親に「いやいや女は器量よりも気立てですよ。気立てさえよければ、必ず人はよい感じを受けて、良縁がありますよ」と言って慰めた。こう言えば母親も娘も大いに救われる。これが仁というものです。論語のお蔭か、年のせいか、私もこの頃そういうことが言えるようになった。といっても、いつもにやにやしておれと言うのではない。時には怒ったり、どなったりすることもあってよいと思う。

感激を失った民族は衰退する

子《し》、子産《しさん》を謂《い》う、君子の道《みち》、四《よっ》有《あ》り、其《そ》の己れを行うや恭《きょう》、其の上《かみ》に事《つか》うるや敬《けい》、其の民を養うや恵《けい》、其の民を使うや義《ぎ》。〔公冶長《こうやちょう》第五〕

子謂子産、有君子之道四焉、其行己也恭、其事上也敬、其養民也惠、其使民也義。

めったに人を褒めない孔子がたいそう子産《しさん》を褒めておる。（右の解釈については五六頁参照）子産とは春秋時代の鄭の国の名宰相公孫僑《こうそんきょう》のことで、彼については『春秋左氏伝』に細々と語られておりますが、私も最も好きな、また深い敬意を感ずる一人であります。『史記』によると、孔子は彼の亡くなったのを聞いて泣いておる。私はこれを読んで本当に感動した。

日本でも昔の人はよく泣いております。今度、明治神宮から明治天皇御鎮座五十年を記念して、『明治天皇詔勅謹解』が出版されることになり、私もそれに関係しているので、いろいろ明治に関する文献を点検したのでありますが、そのうち一つ気がついたことは、明治の人たち、といっても詔勅に関係ある人たちですから、当代一流の人物ばかりでありますが、皆よく泣いておるということです。年寄りが泣くのであればまだわかりますが、若いのが泣いておる。橋本左内の『啓発録』を読むと、これは左内が十四歳の時に書いたものでありますが、夜、四書を勉強して寝床にはいり、どうして自分はこんなに勉強ができないのだろう、と夜具に顔を埋めて泣いたと告白しておる。日清・日露戦争当時の軍人や大臣といった人たちでもそうです。日本海々戦に勝ったと言っては泣き、つらい任務を引き受けてくれると言っては泣き、それも相抱いておいおい泣いておる。

　例えば日露戦争の時、国際借款のために代表をアメリカやイギリス等の諸国へ派遣することになり、その白羽の矢が後に二・二六事件の時に射殺された高橋是清蔵相（当時の日銀副総裁）に立てられた。そして築地の料亭に（首相の）桂さんをはじめ重臣たちが集まって、高橋さんに命じたのですが、高橋さんは、「とても自分にはその能力も自信もない」と言って百方辞退する。けれども聞き容《い》れてくれない。とうとう引き受けざるを得なくなって、「承知しました」ということになった時、桂さん以下皆「ああ、よかった、引き受けてくれるか」とやっぱり相抱いて泣いておる。そのとき銚子を持って部屋に入ろうとした十五、六の女中がおったが、あまり皆が泣いておるのでびっくりして引っ込んでしまった。この女中が後に料亭の女将になり、私が知った時はもう相当なお婆さんでしたが、その時の有様を私も直接本人から聞いたことがある。今度明治の事を調べておるうちに、はしなくもその記録にお目にかかり、料亭の女将の話を思い出したわけでありますが。

とにかく昔はよく泣いておる。天下国家を論じては泣き、書を読んでは泣いておる。ところが後世になるほど泣かなくなってしまった。そういう感激性がなくなってしまった。これは一面から言えば、民族精神の悲しむべき衰退にほかならない。卑屈な利害・打算・私利・私欲にのみ走って、最も人間らしい天下・国家、仁義・道徳、情緒・情操、感激性溢れる行動、そういったものを失った民族は衰退しておる証拠である。衰退は最悪の場合には滅亡に通じる。

今、アジアの国々からさまざまな人間が日本にやってまいりますが、そういう人たちに会ってひそかに考えさせられることは、彼らは明治の歴史をつくった日本民族というものに大きな憧憬を持っておるという事実です。したがって今度の大東亜戦争に対しても、日本人は一様に、悪い戦争をした、けしからん、と卑屈なことばかり言うておるが、彼らは決して、そうではない。もちろんそういう非難もあるけれども、その反面、この微々たる一島国の日本民族が世界を相手にして、ああいう花々しい戦争をした、と感激しておるのです。彼らは、我々日本民族を、道義とか、国家とかいったものに対しては命も惜しまない、熱烈な精神を持った民族だと思うておる。それだけ今の彼らには感激性があるわけです。

近頃、東京の知識階級の間に衰亡史といった本がよく読まれている。中でも一番評判になっておるのは、明治時代に時事通信社から出た『英国衰亡史』という本です。この本については私が戦争直前ヨーロッパ旅行から帰って書いた、『世界の旅』という随筆の中にくわしく紹介しておきましたが、いずれにしてもこういうものが好んで読まれるというのは、日本もそういうふうになるのではないか、ということを暗々裡に感じておるからではないか、と私は思わざるを得ない。はなはだ嬉しくない話だけれども、事実昨今の日本は確かに不吉であります。これをどういうふうに導いてゆくか。そういうことを考えて論語を読めば、本当に論語は活きてくる、また一生の友達になれる。そうして論語というものは何べん読んでも、実は一向読めておらなかったということを、論語読みの論語知らずであるということを、しみじみと感じるに違いない。

Ⅲ

論語為政抄

論語為政抄

一

論語は不思議な書物である。いつ読んでも、幾歳になって読んでも、その度毎《たびごと》に初めて読むような新たな感動を受けるところが必ずある。なにか自ら覚るところがあると、また必ず論語中の一節が思い合わされる。世故《せこ》を体験して、学者であろうと政治家であろうと商人であろうと、若ければ若い、年老《と》れば老ったで、誰が読んでも、それ相応にみな教えられる。故沼波瓊音《ぬなみけいおん》教授が最後の重患のとき、ある日見舞に寄ると、枕下に一冊の書を蔵《しま》われるので、なんの書ですかと訊《たず》ねると「実は論語ですがね、こんなになってまた新しくおもしろいんです。文章という点からいっても、結局論語だというような気がします」と微笑して語られたことを時折《ときおり》想い出す。近来の時政に深く感ずるあまり、今夜ふと論語を探《たず》ねてみてたちまちまた誘われるように前半九篇を耽読した。論語中でもこの前半がもっとも醇粋なように思われるので、まず記念にこれらの中から為政の参考になる諸章を拾って書きつけることにした。

昔、宋の名相趙普《ちょうふ》が半部の論語を以て太祖（趙匡胤《ちょうきょういん》）を佐《たす》けて天下を平らげ、半部の論語を以て太宗（趙匡義）を佐けて天下を治めたというが、渋沢翁（渋沢栄一。明治の実業家。『論語講義』『論語と算盤』の著がある）同様、さもあるべきことと思う。

二

孔子が為政者を評する言葉は実に味がある。

> 晏平仲《あんぺいちゅう》、善《よ》く人と交わる。久しうして人、之を敬す。
>
> 晏平仲善與人交。久而人敬之。
>
> 〔公冶長《こうやちょう》第五〕

斉の名相晏嬰《あんえい》のことは本誌第三十一号に紹介しておいたが、この短い評語以上に彼を善く現すことはできないであろう。いわゆる一字を賛することもできぬところである。人は遠く離れて見るのと、近づいて交わるのとではたいへん違うことが多い。壇上の雄弁を聞いて大政治家のように思っては、近づいて失望する青年も少なくない。知識や技能に感動して婚を通じ、あとで意外な性格の欠陥を発見して幻滅の悲哀を覚える婦人も多い。興が褪《さ》めたとか、裏切られたとかいうことがいかに世上の交わりに多いことであろう。「久しうして人、之を敬す」というのは、よくよく真実の籠《こも》った味のある人に相違ない（五〇頁参照）。


子曰《しいわ》く、与《とも》に共《とも》に学ぶべし、未《いま》だ与に道を適《ゆ》くべからず。与に道を適くべし、未だ与に立つべからず。与に立つべし、未だ与に権《はか》るべからず。

子曰、可與共學、未可與適道。可與適道、未可與立。可與立、未可與權。

〔子罕《しかん》第九〕

真に叡智の言である（三六頁、一四九頁参照）。


子曰《しいわ》く、甯武子《ねいぶし》、邦《くに》に道有れば則《すなわ》ち知、邦に道無ければ則ち愚《ぐ》。其の知及ぶべきなり、其の愚及ぶべからざるなり。

子曰、甯武子、邦有道則知、邦無道則愚。其知可及也、其愚不可及也。

〔公冶長第五〕

これなどいかにもシナ老大人の見である（五八頁の同文解説参照）。曾国藩（一八一一～七二。

太平天国の乱の鎮定に大功あった清朝の哲人政治家）のような君子人であって、

「(註)洋人と交際するには宜しく過峻《かしゅん》なるべからず。宜しく渾涵《こんかん》の気象を帯《お》ぶべし。渠《かれ》の欺侮《ぎぶ》詭譎《ききつ》一切を蔑視《べっし》する、吾《われ》之を知るが若《ごと》く、之を知らざるが若く、恍《こう》として幾分の痴気《ちき》を有するも亦《また》善処の道なり」（李鴻章《りこうしょう》に与うる書）

と言っている。甯武子の人物、想像にあまりがある。甯武子、名は兪《ゆ》。衛《えい》の成公に仕え、君臣相剋《そうこく》して内紛やまぬ間に善処し、国の崩壊を防いだ苦労人の大夫《たいふ》（家老）である。人はその名利権勢の欲望のためにじっとしておれず、自ら持てる頭脳や才幹を軽薄に使っては見えすいた失敗をするものである。愚になるということは、よほど自我を練ってこなければできるものではない。

〔編者註〕「西洋人と交渉するには、相手に対してあまり峻《きび》しすぎてはいけない。むしろ相手を自分のふところに抱き込むくらいの気象をもって臨むがよい（渾はひとまとめにする、涵は水にひたす、容《い》れる意）。彼らが我々をたぶらかし、詭譎《ききつ》（あざむき、いつわる）をほしいままにして蔑視する態度に対しても、これを知るがごとく知らざるがごとく、馬鹿になったふりをして応対するのも、また一つの方法である」と曾国藩は後輩の李鴻章を戒めている。

阿片《あへん》戦争以来の露骨な西力の東侵に対して、曾国藩は李鴻章とともにその対策に腐心しているが、西洋人との交渉に、ともすれば倣岸な李が無用の摩擦を起こすことを恐れて、彼はしばしば李に手紙を書いて諄々《じゅんじゅん》と説諭している。真面目人間の典型のような曾国藩にして、やはり中国人らしい老獪《ろうかい》さを持ち合わせていたことがうかがわれる。

子游《しゆう》・武城の宰《さい》となる。子曰く、なんじ人を得たるか。曰く、澹臺滅明《たんだいめつめい》という者あり。行くに径《こみち》に由《よ》らず。公事に非ざれば未だかつて偃《えん》の室に至らざるなり。〔雍也《ようや》第六〕

子游爲武城宰。子曰、女得人焉爾乎。曰、有澹臺滅明者。行不由徑、非公事、未嘗至偃之室也。

役人は手《て》っ取り早く仕事をしたがる、なにか巧い手がないかと狡猾《こうかつ》な策を考える傾向がある。そして自分が好《い》い子になろうとして、ともすれば暮夜門を叩きたがる（註・権門勢家をひそかに訪れること）。この問答は実に言外の味が深いではないか。言偃《えん》（字《あざな》は子游）の武城（今の山東省沂州府費県西南）における治風もゆかしく出ている。

おもしろいのは佞《ねい》の説である。元来この字は仁と女と二字の組合わせで、思いやりある女のやさしく巧みに口きく意味である（一説に、仁は音符で形声文字とし、また仁は信の字の省劃ともいうが)。それから口をきくことの上手なことに転用して、自己の謙辞に「不佞《ふねい》」などと使う。「うまくものが言えぬ私」という意味である。祝鮀《しゅくだ》の佞（雍也）というのも、祝鮀（字は子魚、衛の大夫。衛の霊公に仕えた名外交官型の人物）の口才（口先が達者なこと）を指すものである。しかしながら単なる口才は堕落しやすく（佞字一説に、仁は人二人である。仁と女とからなる佞字は人をうまく籠絡《ろうらく》する女の口才をいうとしている）、また口才などは決して人物たるの要素ではない。

或るひと曰《いわ》く、雍《よう》や仁なれども佞《ねい》ならずと。子《し》曰く、焉《いずく》んぞ佞を用いん。人にあたるに口給《こうきゅう》を以てすればしばしば人に憎まる。その仁なるは知らず、焉んぞ佞を用いん。

或曰、雍也、仁而不佞。子曰、焉用佞。禦人以口給、屢憎於人。不知其仁、焉用佞。

〔公冶長第五〕

冉雍《ぜんよう》（字は仲弓）は口はへたであったと見える。そんなことが何だ。言いまわしがうまく（口給）て、相手に対抗するようなのは癪《しゃく》に障《さ》えられるものである。雍が仁者かどうかはまだ分らぬが、不佞などは問題でないという孔子の意見は実に愉快である。

孔子はまた無私無欲から出る強さを重んじて、めったにそういう人物のいないことを歎息している。世故に通じた者ほど同感に堪《た》えないであろう。

子《し》曰《いわ》く吾れ未だ剛者を見ず。或るひと曰く申棖《とう》。子曰く棖や慾なり。焉《いずく》んぞ剛なるを得んや。〔公冶長第五〕

子曰、吾未見剛者。或對曰、申棖。子曰、棖也慾、焉得剛。

子《し》曰《いわ》く、如《も》し周公の才の美有るも、驕《きょう》且《か》つ吝《りん》ならしめば、其《そ》の余《よ》は観《み》るに足らざるのみ。〔泰伯《たいはく》第八〕

子曰、如有周公之才之美、使驕且吝、其餘不足觀也已。（六三頁参照）

然《しか》らば真の強さ（剛・毅）を示す具体的実例はどうか。その心構えは如何《いかん》。

曾子《そうし》曰《いわ》く、士は以て弘毅ならざるべからず。任重くして道遠し。仁以て己《おの》が任となす、亦重からずや。死して後やむ、亦遠からずや。〔泰伯第八〕

曾子曰、士不可以不弘毅。任重而道遠。仁以爲己任、不亦重乎。死而後已、不亦遠乎。

曾子曰く、以て六尺《りくせき》の孤を託すべく、以て百里の命を寄すべし。大節に臨んで奪うべからざるなり。君子人か君子人なり。〔泰伯第八〕

曾子曰、可以託六尺之孤、可以寄百里之命。臨大節而不可奪也。君子人與、君子人也。

六尺の孤（註・みなしご）は年十五（周礼疏）である。百里は方百里の公侯の国である。よほど私のない、真実強い人物でなければ、孤を託することはできまい。また複雑な百里の国の政令を任すわけにはいかぬ。千鈞の重みある語である。

三

人は案外自分で自分を知らない。まして本当に人を知ることは容易でない。また、とかく狭い職域や、自己の低さのために眼界も広くわたらぬものである。

子曰《しいわ》く、人の己れを知らざるを患《うれ》えず。己れ人を知らざるを患う。〔学而《がくじ》第一〕

子曰、不患人之不知己。患己不知人也。

頭の下がる言葉である。とくに政治家たるの資格はどれほどよく人を知っているかということである。自分の門を叩く者のみを待って、みずから広く天下に士を求めようとせぬ夜郎自大の人物では、どうして真実の政治などできようか（二〇〇頁の同文解説参照）。

孔子が実によく人間というものを観た人であることを感じさせられる一つは、次の語である。

> 子曰《しいわ》く、人の過《あやまつ》や各々その党においてす。過を観て斯《こ》に仁を知る。〔里仁《りじん》第四〕
>
> 子曰、人之過也、各於其黨。觀過斯知仁矣。

党は類といってもよい。人は善かれ悪しかれ、その人らしい振舞いをするものである。ことに善功よりも、むしろその過失の方によくその人柄が現れる。仁を仁義の仁と解するのが普通であるが、私はそれほど穿鑿《せんさく》せずに、仁を人と解してよいと思う。善事や功業は人が意識してそのために己れを矯《た》めるが、不用意の間に暴露する過失というものは自己を露呈するものである。酒の上で失礼などというが、実はその場合が真実なのである。平生は矯めているから出さなかった心事も、酒に酔った紛《まぎ》れに理性が弛《ゆる》んで、ついその矯められていたものが猛然と躍動したのである。しかしそう明かしてしまえばひっこみがつかなくなるから、世の中を円滑にするために、逆に酒の上は咎《とが》めぬことになったので、人間生活の間に自然にでき上がった味のある美習というべきであろう。

子曰く、その以す《な》（考証に従う）所を視、その由る所を観、その安んずる所を察すれば、人焉《いずく》んぞ廋《かく》さんや、人焉んぞ廋さんや。

子曰、視其所以、観其所由、察其所安、人焉廋哉、人焉廋哉

〔為政《いせい》第二〕

人がどういう行為をするか。その行為の由《よ》って来《きた》るところ、その人の心境がどこに落ちつくか。これらを観察すれば、いかにも人はかくすものではない。人間観察法・試験法は東洋に実によく発達している（たとえば「呂覧」論人の八観・六験・六戚・四隠というように）。従来の西洋諸学のように分析的・抽象的・静的研究にとどまらず、人間についても、これからはもっと東洋流に具体的・即事的・動的研究が復興されねばならぬと思う。

四

子貢曰く、斯《ここ》に美玉あり。匵《ひつ》におさめてこれを蔵せんか、善賈を求めてこれを沽《う》らんか。子《し》曰く、これを沽《う》らんかな、これを沽《う》らんかな。我は賈を待つ者なり。

子貢曰、有美玉於斯、韞匵而藏諸、求善賈而沽諸。子曰、沽之哉、沽之哉、我待賈者也。〔子罕第九〕

これ人物はあくまでも世に役立つべきものであって、独善隠逸を潔《いさぎよ》しとせぬ孔子の人道的実用的態度を明らかにしたおもしろい問答である。ここに美玉があるとして、これを箱の中に秘蔵して置いたものでしょうか、善い値段で売ったものでしょうか、という子貢の問に対して、孔子はもちろん売るにかぎるさ、わしは善い値のつくのを待っている者だと答えた。賈は朱注（朱子の註）のように音「カ」は価に通ずとし、よい待遇、位禄のこととするのが普通である。またこれを引用する古書（「白虎通」「後漢書」等）にはしばしば価字を充《あ》てている。しかし荻生徂徠《おぎゅうそらい》は賈を「コ」と読んで、商人、買手の意に解している。重い位禄のことよりもむしろ善い知己の主、明眼の為政者とするものである。この方が思索的には妙味がある。しかし原意は果してどうであったろうか。同様に「沽之哉」も、「之をうらんかな」ではなく、「之をうらんや、之をうらんや」と読むべき（包咸註の如く）もので、せっかくの美玉を滅多《めった》に手離そうか、と逆に解することもできる。しかしこれは逆なようで、実はどちらも相通ずる。大いに沽《う》ろうじゃないかというのと、滅多には手離さぬというのとは同じ心理の裏表である。

ただ孔子は、要するに、待賈者であって、行賈者ではなかった。実用を重んじたが、それよりもさらにその用に立つべき実質実力を養うことを主とした。その点から言えば之を沽らんやであって、あまり役人になどなりたがらぬ、平気で浪人でいられることを尊敬した。

> 子曰く、三年学んで穀に至らざるは、得易からざるのみ。
> 子曰、三年學不至於穀、不易得也已。〔泰伯第八〕

穀は食禄である（穀を善と解する孔安国の説もあるが）。たいてい少し勉強すると、すぐに相応の位禄を求めて落ち着いておれぬものであるが、そういうことを念頭に置かぬというような者は滅多に得られぬ。その滅多に得られぬような者が最も得たいのである。

> 或ひと孔子に謂いて曰く、子なんぞ政を為さざる。子曰く、書に云う、孝なるかなこれ孝、兄弟に友に、有政に施《およ》ぼすと。是《これ》もまた政を為すなり。なんぞそれ政を為すを為さん(註)や。〔為政第二〕
> 或謂孔子曰、子奚不爲政。子曰、書云、孝乎惟孝、友于兄弟、施於有政。是亦爲政。

奚其爲爲政。

別段強いて役人にならんでも、世道人心のために役に立つことはできる。

〔編者註〕「なぜ役人になって直接政治に関与されないのですか」という問いに対して、孔子は「孝なるかな、これぞ孝。しかも兄弟、仲がよい。これすなわち政教に裨益する所以《ゆえん》である」という書経のことばを引いて、親に仕えて孝、兄弟仲むつまじければ、ことさらに政治に携らなくても、孝悌という行為そのものが政治の質を高める結果をもたらすものだ、と答えている。

子曰く、位無きを患えず、立つ所以《ゆえん》を患えよ。己れ知らるるなきを患えず、知らるべきを為すを求めよ。

子曰、不患無位、患所以立。不患莫己知、求爲可知也。

〔里仁第四〕

為政者としても、結局己れを反省してみずから範を垂れ、責を引き、慢《みだ》りに民に求むべきではない。

子曰く、利に放《よ》って行えば怨み多し。
子曰、放於利而行、多怨。（一四一頁参照）〔里仁第四〕

子曰く、之をみちびくに政を以てし、之を斉《ととの》うるに刑を以てすれば、民免《まぬか》れて恥無し。
子曰、道之以政、齊之以刑、民免而無恥。〔為政第二〕

「政を以てす」とは法令制度、手段方策の類である。結局、

之をみちびくに徳を以てし、之を斉《ととの》うるに礼を以てすれば、恥ありて且つただし。
道之以徳、齊之以禮、有恥且格。〔為政第二〕

子曰く、能《よ》く礼譲を以て国をおさめんか、何か有らん。
子曰、能以禮讓爲國乎、何有。〔里仁第四〕

である。子曰く民は之に由らしむべし、之を知らしむべからず〔泰伯第八〕とは千古不変の断案である。民衆に宣伝をいかほどしても思うようにゆくものではない。民衆をして信頼せしむるだけの為政者になれ。まったくそのとおりである。

子曰く、斉《せい》一変せば魯《ろ》に至らん。魯一変せば道に至らん。

子曰、齊一變至於魯。魯一變至於道。〔雍也第六〕

この一条津々として不尽の理趣がある。斉は桓公・管仲の覇業を以ても有名な富国強兵を旨《むね》とする功利主義権力国家である。魯は周公以来、礼教を旨とする道義国家である。斉国の弊は争乱しやすく、魯国の弊は衰弱しやすい。しかし功利忿争《ふんそう》の果《はて》は手がつけられぬが、礼教文弱の末はこれを振うに難くない。また功利の争乱は要するに道義の振興によるほか救いようはない。

今やソ連の斉と中国の魯と共に一変せば道に近づくであろう（一五一頁参照）。

（二月十三日我が誕生日の夜半）

〔講義草案ノート〕

孔子について

1 東西の比較

ユダヤ民族がBabyronとEgyptとの間に立ちて苦しみ、ギリシャがペルシャと対抗当時、シナにおいては春秋時代なり（BC七七〇～四〇四）。

孔子（BC五五二～四七九）

釈迦は一二、あるいは一三年早生まれ

BC四六九～三九九（七〇歳）ソクラテス

2 春秋に至る周の変遷

漢民族が黄河流域に発展するとともに、これに国家的組織体制を樹立し、文化の発達を促した偉大な政治家の代表者は周公旦《しゅうこうたん》である（BC一一二二、周武革命）。

その後、周の王政は堕落し、BC八七八、厲王《れいおう》立って暴政を行い、民衆の暴動のために蒙塵《もうじん》し、大臣・共和政事を行うこと十四年（竹書紀年によれば、共和は民衆が擁立した共伯和のことなりとす。

新王共和は復辟《ふくへき》派により十四年にして倒る)。

ＢＣ八二七、宣王立って周室を中興した。

その子幽王また愚昧にして暴政を布《し》き、外戚申侯《しんこう》、陝西《せんせい》の蛮族犬戎《けんじゅう》と通じて王を鎬京《こうけい》（西安）の東、驪山《りざん》に殺す。

平王立つ、都を東の方・洛陽《らくよう》に移す（ＢＣ七七〇）。

この後、晋《しん》の三分（註・晋が韓・魏・趙の三国に分裂したこと）に至るまでを春秋時代という。

周の統一の始めには諸侯の数一八〇〇に上ったが、周室東遷の頃、その有力なるもの一四〇余、おのおの富国強兵を競い、表に尊王攘夷を唱うるも、真に王道を振興して平和を確立せんとする者はなかった。一四〇余諸侯のうち、主要勢力は十五、

山東
- 斉（臨淄《りんし》中心）
- 魯（曲阜《きょくふ》中心）
- 曹（定陶《ていとう》に都す）

河南
- 宋（商丘）
- 衛（濬県《えいけん》）
- 鄭（新鄭）――最も洛陽に近し
- 許（許昌《きょしょう》）
- 陳（淮陽《わいよう》）
- 蔡（上蔡）

河北　燕（大興）
山西　晋（曲沃《きょくよく》）
陝西　秦（鳳翔）
江蘇　呉（呉県）
浙江　越（紹興）

そのうち曹・許・陳・蔡を除き、周を加え、あるいは許、呉、越を除いて春秋十二列侯という。周室は王が傀儡《かいらい》化して貴族政治となり、徒《いたず》らに天下の王たる空名を擁して、実は洛陽附近の小邑を領するに過ぎず。

〈参考〉Aristoteles

Royalty —— Tyranny　僭主国
Aristocracy ＜ Oligarchy　寡頭制
　　　　　　　Pornocracy　娼婦制
Polity —— democracy —— mob-rule　愚民政治

Rome 史学者 Polybius（BC二一〇〜一二七）
政体循環説、政治変化の周軌 regular cycle なり。

大臣権を専《もっぱ》らにし、まず鄭《てい》の武公（BC七七〇〜七四四）、荘公（BC七四三〜七〇二）二代にわたって威権を弄《ろう》し、やがて王と争って共に威を墜《おと》した。

その他、陳、蔡、宋、魯、曹、衛諸国は中原に相控制《あいこうせい》して共に振わず、辺境の諸侯次第に勢力を加え、茲《ここ》に五覇《ごは》を生じたが、なお未だ王の名によってあるいは

時代順
- 斉　桓
- 宋　襄《じょう》
- 晋　文
- 秦　穆《ぼく》
- 楚　荘

あるいは秦の代りに呉、越（呉夫差《ふさ》、越勾践《こうせん》）を加え、あるいは宋襄の代りに呉、越を加え、敢えて易姓革命に至らなかった。

しかし、民衆は打ち続く戦乱と搾取と労役とのために疲弊し、秩序は破壊し、人倫道徳は荒廃した。その間に野心家が横行して、天下の乱を利用して私を営むに奔走した。

3 当時の指導階級

当時、ちょうどギリシャ政界にsophistが流行したように、シナ社会にも佞者《ねいしゃ》が時を得た。

〈参考〉佞は仁＋女――不佞――愛語

佞は信＋女

説文《せつもん》本来の意味は良し、後世これが悪用されたるものである。

曹洞禅の「和顔愛語」の愛語に当る。

『論語』雍也《ようや》篇「祝鮀《しゅくだ》の佞《ねい》ありて宋朝《そうちょう》の美有らざるは、難《かた》きかな、今の世に免《まぬが》れんこと」といっている。

祝鮀は衛《えい》の大夫、子魚（字《あざな》）宗祝の役、博聞で口才《こうさい》があった。宋朝は宋の公子、美色あり。

衰世は諛《へつらい》を好み、色を悦ぶ。

佞——聞達《ぶんたつ》の士——郷原《きょうげん》

*「雍や仁にして佞ならず」（公冶長《こうやちょう》）の評、また時代の通俗見地を想像することができる。

*或るひと曰く、雍《よう》（姓は冉《ぜん》、字《あざな》は仲弓）や仁なれども佞《ねい》ならず。子曰く、焉《いずく》んぞ佞を用いん。人にあたるに口給《こうきゅう》を以てすれば、しばしば人《たみ》に憎まる。その仁なるは知らず。焉んぞ佞を用いん。

随《したが》って世評が有力であり、巧みに世評を取る者、いわゆる「聞人」が、あるいは「達者」が成功した。

顔淵《がんえん》篇に、子張が「士の如何なるを達というか」、すなわち「邦《くに》に在りても必ず聞こえ、家に在りても必ず聞こゆるか」と言うに対し、子はこれを「聞《ぶん》」となし、達とは「質直《しっちょく》にして義を好み、言《げん》を察して色を観《み》、慮《はか》って以て人に下《くだ》る。邦《くに》に在っても必ず達し、家に在っても必ず達せ」（顔淵）ねばならぬ。これに反し、「聞《ぶん》なるものは色に仁を取りて行いは違《たが》い、これに居りて疑わず、邦に在りても必ず聞こえ、家に在りても必ず聞こゆ」とした。*

*『荀子』宥坐、孔子、魯の定公の相となり、少正卯《しょうせいぼう》を誅《ちゅう》した時（有疑）、門人が「魯の聞人を誅するは失ならざるか」と問うに対し、人に憎むべき者五あり、盗竊《とうせつ》は与《あずか》らず、⑴心達《こころたつ》にして険、⑵行僻《へき》にして堅、⑶言偽《い》

にして弁、⑷記醜にして博、⑸非に順《したが》いて沢。少正卯これを兼ねて有す。故に居処・徒を聚《あつ》め群を成すに足り、言談以て邪を飾り、衆を惑（もと営に作る）わすに足る。強以て是に反し独立するに足る。此れ小人の桀雄なり、としている（『孔子家語』始誅篇にも見ゆ）。

政局における聞人は社会における郷原である。孔子は郷原は徳の賊とした（陽貨《ようか》）。かくして真理に対し道に対し、なんら敬虔の心もなく、真実に触れることのない軽薄で野心的な人々の闘争的社会が展開して往《い》った。

こういう時、孔子は魯の襄公二一年、周霊王二〇、BC五五二、山東の小村陬《すう》の庄屋の如き孔家に生まれた。

父の叔梁紇《しゆくりようこつ》晩年、顔氏の女子徴在《ちようざい》を娶《めと》り（野合一説――史記世家）その腹に生まれた。名は丘《きゆう》、字は仲尼《ちゆうじ》（一*説、尼は尼、丘の夷《たい》らかな形）。故に兄あり、『家語』には女兄九人、庶兄一人ありとす（先妻の腹、字は伯尼或は孟皮、儀礼には伯居とす）。

＊橘芝屋（泰）の『芝屋随筆』に出づ。説郛所録「希通録」にある由。

幼くして父に別れ、次いでまた母を亡い、少年時代を辛苦のうちに送り、季氏の所領の倉庫係や家畜係を務めた。孔子を迂遠な人物のように思うのはとんだ誤解である。「吾れ少《わか》くして賤《いや》し、故に鄙事《ひじ》に多能なり」（子罕《しかん》）と自ら言っている。

ただ彼は学を好んで倦《う》まなかった。「憤を発して食を忘れ、楽しんで以て憂を忘る」はその一生を通じて変わらなかった（述而《じゆつじ》）。その間、彼は青年の純真な情熱と勝《すぐ》れた頭脳とを以て当時の道徳風俗中、政治制度（礼）に対して観察と研究とを進めた。

『史記』によれば、彼は青年時代周に適《ゆ》き、老子と会見した記事があるが、それは全文をそのままに受け取れないが、少なくとも若い孔子が驕気《きょうき》、多欲、態色《たいしょく》、淫志《いんし》と評さるべき覇気のあったことは察せられる。それが人間及び社会に対する深い洞察と社会的経歴と絶えざる好学求道の力によって渾然《こんぜん》として円熟した大人格を築き上げて往ったのである。*

*(1)孔子、衛の正卿甯武子《せいけいねいぶし》を評して曰く、「邦《くに》に道有れば則ち知、邦に道無ければ則ち愚《ぐ》。其の知及ぶべきなり、その愚及ぶべからざるなり」（公冶長）。
(2)微子《びし》篇に逸民を論じ、「我は則ち是《これ》に異なり、可もなく不可もなし」。

4 当時の政治情態

孔子の生まれた魯の国の情況は如何《いかん》。

魯は周公旦の子孫が封ぜられた国であるが、五世の魏公すでに兄幽公を殺して自立し、十三代の恵公はその子隠公の婦《つま》を奪い、その腹の子・允は隠公を弑《しい》し、自立して桓公《かんこう》となった。

桓公─┬─荘公
　　　├─慶父─孟孫氏 ┐
　　　├─叔牙─叔孫氏 ├ 三桓
　　　└─季友─季孫氏 ┘

桓公の夫人は斉の公女で、兄襄公に通じ、桓公は斉に往いて殺さる。荘公立ったが、その死後、季友は公の庶愛子を立てようとしたが、慶父は之を殺し、荘公の庶子を立て湣公《びんこう》としたが、荘公夫人・哀姜と通じ自立を謀り、公を弑し、叔牙も之に与《くみ》したが、季友これに抗し二兄を倒した。湣公の弟申《しん》を立て（釐《り》公）、季友相となり、爾来君権は三桓に移った。釐公より二代を経て、襄公の二十一年に孔子は生まれたのである。

襄公の三十一年、公卒《しゅっ》し、昭公十九歳にして立ったが、なお童心あり、襄公の葬に嬉戯《きぎ》して喪服を汚しては三度改めたような愚昧者であり、のち遂に三桓は昭公を逐《お》い、季氏の臣陽虎《ようこ》はまた三桓を倒そうとして斉に走った。

各侯国の内情また大同小異で、政教は全く頽廃していた。

5 シナ民族の政治観念

元来彼らはきわめて素朴柔順な平和を愛好する民族で、支配者に対しても「来りて、我を撫《ぶ》す者は君、我を虐《しいた》ぐる者は讐《あだ》」というような考えを持っていた。

孔子はこの民族社会にまず美しい秩序と調和、すなわち礼を回復しようとした。それは自然と人間とを貫く普遍にして不変なる法則すなわち道徳が生々化育に在ることの深い叡智と信念とより発している。

政治はこの道徳より発する美しい調和的活動（礼楽）でなければならぬ。彼はこれを歴史に徴して周公旦の偉業に発見し、周初文化を礼讃し、現代の堕落を慨《なげ》いて、

○政は正であること（顔淵）

政治は為政者自《みずか》らその身を正すことが根本であること（子路《しろ》）

それによって自ら人心風俗が正されること（顔淵・為政《いせい》）を力説し、徳治主義に依り、権力的法治主義を排斥した。

「これを道《みちび》くに政を以てし、これを斉《ととの》うるに刑を以てすれば、民、免れて恥なし」（為政）
○道徳の美しい表現である国家を理想とした。
現代の混乱を救うて秩序を回復しようとした。
彼は自然周室を復興して大義名分を正し、王道を大成しようとした。
「君君たり、父父たり、子子たり」（顔淵）
孔子の人格は偉大であった。春秋の乱世に彼の出現と活動とは、純真な青年や勝れた識者に非常な感激と崇拝とを生じた。しかし人格が偉大であり理想が高遠であるだけに、一面頽廃した現実社会と相容《あいい》れぬことが多く、

○壮年（三十六、七歳の頃）斉に遊んで景公に用いられようとしたが、当局者の反対のために実現せず。
五十にして魯の定公に用いられ、中都の宰（山東・済寧道）となって聊《いささ》かその経綸を実施して治績を挙げ、栄転して司寇（最高裁判所長官）となった。中都の宰には明徴なきも、司寇となったことは□□□□によって信ずるに足る。

これは孔子としては処を得たるものか。

彼は就任早々、秩序と思想とを乱る当時の名士少正卯を誅した。

少正卯を大夫とするは『孔子世家』に始まる誤謬である。（蟹江義丸氏考証）

その後、彼は魯の斉国との外交会議・夾谷《きょうこく》の会に起用せられ、大いに強国斉の鋭鋒を挫《くじ》いて魯の権威を保全し（考証家は否定す。文献に徴すべきなし）、次に三桓の権威が陪臣の手に移り、三桓みずから如何《いかん》ともするを得ず。遠くは昭公の十二年、すでに南蒯・季氏の都費《ひ》に拠って背《そむ》き、征討連年克《か》たず。近くは陽虎の乱あり、定公十年には叔孫氏の侯犯「郈」に拠って背き、一年の間再び囲《かこ》んで克たず。

大義名分を重んずる孔子は、まずこの治安と秩序の回復を計り、子路を用いて季氏の宰とし、季桓子及び定公に説いて三都を粛清する案を強行し、郈と費とに断行して成功したが、魯の勢力家・公斂處父、孟孫に勧めて成を隳《こぼ》つことに反対せしめ、この政策は失敗に帰した。

孔子の地位はこの時すでに危うくなった。のみならず斉国の魯に対する圧迫と、これを内面的に頽廃に導く政策とは次第に成功し、孔子はついに無限の遺憾を抱いて（定公十五年）魯を去らねばならなかった。

その後十四年の間、彼は衛、陳、鄭、蔡等の諸国に流寓した。その間、宋の司馬桓魋《かんたい》や（鄭の地）匡《きょう》における危難（この二者は同一事件ならんとの疑あり、不明）を始めとして具《つぶさ》に辛酸を嘗《な》め、哀公十一年、年六十九、再び魯に反《かえ》った。

諸国流寓中、いたるところ不遇であったが、その間彼の人格と学問見識とは次第に勢望を高くし、従遊崇拝する者多きを加え、哀公、季康子は彼を国老として遇した。

哀公十四年（孔子七十二歳）、斉の陳恒（成子）、その君・簡公を弑した。魯は久しく斉の圧迫を受けて雌伏していた。当時天下の形勢は晋・楚・呉を大勢力とするが、呉はすでに内政頽廃し、越その後を窺《うかが》い、楚は敗戦後いまだ振わず、晋また内紛の弱点あり、魯のために大いに国威を回復すべき時であった。孔子はこの際、斉国の内乱とその不義無道とに乗じ、正義の大旆《たいはい》を飜して士気を振作しようとしたのであるが、怯惰《きょうだ》な哀公側近の容るるところとならなかった。しかし七十を過ぐる孔子に、なおこの烈々たる気概あり経綸あったことを注意せねばならぬ。

毛奇齢はその論語稽求篇に

〝これ正大聖人、経術迂濶ならざるところ〟の名言あり。

しかしその理想経綸はついに行われず、孔子は次第に志を一時のことに絶《た》ち、心を永遠に潜めて道を後世に伝うるに専らにし、学問と育英とに力《つと》めて、哀公十六年四月、七十四（或は七十三）歳を以て魯に歿した（BC四七九、ギリシャにおけるミカレの決戦）。

6 孔子の道

孔子は徹底せる人道主義者ということができる。

彼はいかに窮するも歎ずるも、決して人間に絶望したり、これを棄て去ろうとしなかった。長沮桀溺《ちょうそけつでき》の譏《そし》りに対しても、彼は憮然として「鳥獣は与《とも》に群を同じうすべからず。吾れ斯《こ》の人の徒と与《とも》にするに非ずして誰と与にかせん。天下、道あらば、丘は与に易《か》えざるなり（微子）」といい、「道の行われざるや已《すで》に之を知れり」と覚悟しつつ、「その身を潔くせんと欲して大倫を乱る（微子）」ことを許さなかった。

しかし半面に深い寂寥を抱き、「吾れは點に与《くみ》せん（先進《せんしん》）」の歎あり、また時々、「九夷に居らんと欲す（子罕）」「桴《いかだ》に乗りて海に浮ばん（公冶長）」の歎を発した。これは決して矛盾ではなく、彼の人格の深厚と調和とを示すものである。

即ち彼は偉大な仁者であった。

彼の教学の根本は仁ということができる。したがって仁ということは容易に人に許さなかった。仁とは枝葉末節の徳目ではなく、人間における天地生成化育の徳とした。

○孔子は一面、極めて現実的科学的精神に富んでいた。

「子貢曰く、夫子の性と天道とを言うは、得て聞くべからず」（公冶長）。すなわち形而上学的空論や未開な宗教的思想のことで、この天道が吉凶禍福を言うことは銭大昕《せんたいきん》も指摘している（十好斎養新録）。

怪力乱神を語らなかった（述而）ことも有名である。彼は理性的には宇宙の本体を天としたが、これを一神教的に解せず、むしろ超人格的に生成化育の作用自体——道を考えた。しかし感情的にはやはりしばしば天を人格的に表現しているが、

顔淵死す。子曰く、噫《ああ》、天予《われ》を喪《ほろぼ》せり、天予を喪せり（先進）。

天の未だ斯文《しぶん》を喪《ほろぼ》さざるや、匡人《きょうひと》それ予を如何《いかん》せん（子罕）。

天、徳を予に生《な》せり。桓魋《かんたい》それ予を如何せん（述而）。

やはりあくまでも人間を超越した絶対者、神、天の信仰に生きるという態度志向をとらず、徹底して人間の中に天を発見し、人格の権威と自由とを確立せんとした。

彼はいわゆる宗教家ではなく、偉大なる道徳家であり、実践哲学者というべきである、否《いな》、偉大なる全人というべきである。

本書への追想

林　繁之

ここに収録されてある諸篇については、それぞれに尽きぬ思い出がある。それは遠い記憶のことである。

太平洋戦争の戦況はいよいよ熾烈の度を加えて、国民生活にようやく不安の兆しが見えはじめた頃である。当時、私は縁あって東京・小石川原町の金雞《きんけい》学院で、安岡先生の講座に加わることができてほんの一～二年たった頃であった。そこでの先生の講義や、発行されていた諸文集は、少年の私には難解を極め、とうてい歯の立つものではなかった。それでも定例の講義の日がくると、いつも衝動にかられるように講筵に連なったものであった。そのころ読んでわかりもしなかった「東洋思想研究」（金雞学院の機関誌）に連載されたのが、ここに収録した「論語為政抄」である。

これが書かれたのは、先生が、小倉《おぐら》正恒、結城《ゆうき》豊太郎両氏と共に大東亜省顧問を委嘱され、満洲や中支・南支方面の視察に赴かれたり、朝野要路との会議に明け暮れていたさ中のことであった。そのころ、中野正剛が朝日新聞に掲載した記事「戦時宰相論」が発禁処分に遭った。中野から「やられてしまった」との電話を受けた先生は「ああゆう書き方ではあぶない、よし僕が第二弾をやる」と応え、読売新聞に「山鹿流政治論」を書いた。山鹿素行の論を紹介する形をとって、実は政治とはどうあらねばならないかを説き、暗に東條首相を批判するものであったが、やはり先生の記事も中野同様、発禁処分の憂き目をみようとした。ところが、当時の警保局長が東條総理に対し「総理は山鹿素行をも否定することになりますが、それでよろしいですか」の一言で、危く発禁処分の難は免れることができた。――こうした逸話が残るような状況にありながら、先生は金雞学院の講堂に悠揚として論語を講じておられたのである。

また、ここに収められている「講義草案ノート　孔子について」は、戦後、日本農士学校で「孔子について」の連続講座を持たれたときの講義ノートである。

かつて戦争中サイパン島が全滅して東條内閣が倒れ、小磯・米内連立内閣が誕生した時、先生は文部大臣の委嘱を受けた。これを固辞された直後、米軍放送は先生を戦争犯罪者の一人に指名した。しかしこれも何故か天恵で免れることができ、身は追放の処分となった。先生は日常の多くを、日本農士学校のあった菅谷の荘の山林に過ごすようになった。和服姿の先生が、羽織袴に正坐の学生達を前にして、古びた大学ノートいっぱいに書きこまれた研究資料を基に諄々口述された――そのときのノートがこの一編であり、その時の学生の一人が私であった。

先生はその頃、ときとして弟子の何人かを随えては、史跡の多いこの山河の道筋をよく逍遥された。珍しく杖を曳きながらの先生のその姿は、今も忘れられない。これを思うとき、私はいつも論語の一節を連想する。論語先進篇に曾皙が、孔子の問いに対し「莫春には春服既に成り、冠者五、六人、童子六、七人、沂《き》に浴し舞雩《ぶう》に風じ、詠じて帰らん」と対《こた》えている。それを聞いた師の孔子は、「吾れは点に与《くみ》せん、よく言った、わしもそう思っている」と言っているが、この孔門の情景こそ、安岡先生の愛惜してやまぬところであった。「戦後は僕の余生だよ」と語りながら、山野に道を講じつつ少しも追放の身を厭う風は見えなかった。

やがて年月も過ぎて、先生の追放処分は解かれ、その後は当然のように、全国同志の輿望に応《こた》えることになり、「一灯照隅・万灯照国」と提唱して、ここに全国師友協会が設立された。ついで関西師友協会を嚆矢《こうし》として、全国各地に支部組織が結成されるようになった。それからの先生は、学生を相手に山林講読の暇はなくなった。追放中の身であったればこそ、東京の一部と埼玉の山林に悠々の生活も許されたのであったが、今や政財界の活社会と、全国の各地を奔馳せざるを得なくなったのである。

大阪に拠点ができて、先生はここには毎月きまって出講された。それが晩年に至るまで続けられたのであった。今になって考えてみれば、あの多忙な中から毎月というのは容易でなかったはずである。しかし大阪は先生の生誕の地であり、故旧の今に定住する地でもある。加えて同志の熱意が凝っていた。先生自身も故郷思慕の思いが強かったに相違なく、それは蓋《けだ》し自然の情であったろう。

関西で毎月行われた古典講座は、東京の照心講座同様、それは人となるための学問であった。先生は実に倦むことなく、このためにのみ大阪までの道を、何十年間通いつめたのである。

この講座が百回を重ねたとき、「活学」の第一編が記念出版され、協会の創立十五周年には第二編、さらに二十五周年に第三編が出版された。その第二編に収められた「論語読みの論語知らず」

がまた本書に収められてある。ここで先生は、「論語読みの論語知らずは、世の中ではよく人を非難するようなことに使われているが、そういうことではなく、人間というものは自分でわかったような心算《つもり》でも、本当のことはわかっていないものである。我れながらそれを沁々《しみじみ》感じているのである。そういう意味から吾れ自らの体験を論語に徴して、話してみようとするわけである」と、こうして成ったのがこの編である。

この「論語読みの論語知らず」が大阪で講じられたのは昭和四十七年のことである。時の政局は佐藤内閣から次代に移ろうとして混迷を極めていた。いわゆる〝角福〟の争いが熾烈であった。先生の東京の事務所には、昼夜となく政財界より、公然と、あるいは隠密裡に問いあわせが相次いでいた。そういう中で先生の、どこぞへと消えて行くことも、しばしば見受けられたのであった。ちょうど、その時機に「この年になって、やっと論語がわかるようになった気がする」という先生の述懐は深長であった。政局を担当するという大きな舞台で動く、人さまざまの機微と、斯くあるべしという姿勢を、先生はご自分の論語に徴されていたのである。

私は、先生が今になお論語を講じ続けられているような思いをこの本に見るのである。

（株式会社　惠蘭社長）

論語と安岡先生

生前の先生に接していていつも感じたことは、「威ありて猛からず」（述而《じゆつじ》）という論語の一句であった。これは孔子の弟子たちが師の孔子を評したことばであり、この句の前後にはやはり孔子を形容した「温くして厲《はげ》し」「恭《うやうや》しくして安し」ということばがあるが、そのどれもが、移して以て安岡先生の風格を伝えるにふさわしい表現のように思われる。論語にはまた「君子は坦蕩々」（述而）ともあるが、とくに老来円熟してからの先生には、この「坦蕩々」という表現がぴったりであった。

亡くなってから事あるごとに思い出されるのは、やはり論語に出てくる顔淵《がんえん》の「仰げば弥《いや》高く、鑽《き》れば弥《いや》堅し。これを瞻《み》れば前にあり、忽焉《こつえん》として後《しりえ》にあり。……これに従わんと欲すといえども由《よし》なきのみ」（子罕《しかん》）という嗟歎である。孔門随一の高弟と称された顔淵にして「（師のあとを）ついて行こうにも、どうしようもない」と歎いているのである。

外交や経営的手段に長《た》けていたといわれる子貢《しこう》も、孔子の学徳を「天縦《てんしょう》の将聖《しょうせい》」（子罕）と評し、「ほかの賢人たちは丘陵のようなもので、越えようとすれば越えられるが、孔子は太陽や月のような存在で、越えることなどとてもできない」（子張《しちょう》）と述べている。弁がたつ理論家で、孔子からは疎《うと》まれた宰予《さいよ》でさえ、孔子は「(古の聖天子)堯・舜に賢《まさ》ること遠し」(孟子・公孫丑)と絶讃している。孔子とその弟子たちとの人物・器量がいかに隔絶していたかが想像されるのである。

この孔子と弟子たちとの距離は、二千五百年の時間と空間をへだててはいるが、安岡先生とその弟子たちとの関係に似ているように思う。私などは最も出来の悪い弟子の一人だが、それにしても昨今の激動する時代にあって、内政外交上の容易ならぬ事件や問題が起るたびに、「この問題を先生ならばどう判断されるだろうか」と、思うことがしばしばである。生前には何か難しい問題や分らないことがあれば、どんなことでも先生に尋ねれば氷解するものだと自分に言い聞かせて、諸事うかうかと過してきた嫌いがあった。しかし今は、もはや一大事を尋ねることもできない。いたずらに悔やまれるばかりで、なぜ生前にもっと真剣な問題意識をもって師に肉薄しなかったのかと、いたずらに浩歎させられるのは凡夫の常で、まことにお恥かしい次第である。

しかしながら、せめてもの救いは、遺著や講義の記録がかなり残っていたことである。晩年のある日、先生はこう言われた。「僕が死んだあと、君はこれまで僕が書いたものや講義したものの出版をやり給え。菅谷の農士学校*には恩賜文庫の資料もあることだし……」。これは今にして思えば、世事にうとい私の将来を心配された先生の思いやりであった。先生亡きあと、プレジデント社からこうして三冊目の講話集を世に問うことができて、はからずも遺命の一端を果たすことになったわけで、常日頃、先生が諭された勝縁の尊さを思い感慨一入《ひとしお》である。

＊農村指導者を養成するため昭和六年、先生が創立した日本農士学校のこと。同校は鎌倉武士の花と謳われた畠山重忠の居城趾（埼玉県武蔵嵐山）に建てられた。

思わず前口上が長くなった。以下、参考までに、いささか感想を披露して解説に代えたい。

論語の人間像

本篇は昭和四十二年八月、全国師友協会で主催した第十回全国師道研修会（三泊四日）で四回にわたり行われた「論語と師友群像」と題する連続講義の記録である。

全国師友協会では毎夏、七月には青年研修会、八月には師道研修会を恒例の年中行事として開催していた。師道研修会は主として教育者を対象としたもので、会場は日光にある大正天皇ゆかりの旧田母沢御用邸跡（現田母沢会館）。幽邃《ゆうすい》な深緑につつまれた御用邸跡は先生もいたく気に入って、毎年二回、都塵と繁務を遯《のが》れてここに臨講することを楽しみにしておられた。

さて校正刷を読んでみると、二十年前に日光で私も聴講したはずであったが、改めて読み返してみて、初めて接するような新鮮な感動と味わいの深さを覚えるのである。迂潤にもその当時は何気なく聞き過していたものと思われる。

古典を読むには、訓詁考証もとよりゆるがせにすべきではないが、それ以上に読む人の境地や力量、学識、人生体験の豊かさといったものが、古典の中に潜んでいる深い意味を汲みとるための大切な要件であるといわれる。それにしても、当時齢《よわい》七十に達していた先生の論語に対する態度のなんという素直さ、柔軟さであろう。この何物にも捉われない自由な虚心な姿勢こそ、古典の秘義を解くこれまた大事な鍵であることをも考えさせられるのである。

こんな感想を思い浮かべながら読みゆくうちに、この講義が世の常の漢学者のそれとはまた違って、先生の豊かな人間味が孔子と渾然と融け合って、その独自の名解説によって新しい現代的な発見をする楽しさに思わず膝を叩く個所がいくつもあった。そして時どき孔子と先生が重なり合って一つになるような錯覚さえ感じるのである。

数多くの弟子の中でも、孔子は顔淵のほかには真に「学を好む者を聞かず」（公冶長《こうやちょう》）と言っているが、その夫子自身は無類の学問好きで、「道に志し、徳に拠り、仁に依り、芸に遊ぶ」（述而）ことをモットーとし、乱世に王道を説いて天下を周遊した。先生もまた常に学問の世界に優遊涵泳することを冀《こいねが》い、「焉《これ》を蔵し、これを修め、これを息《いき》し、これに遊ぶ」、いわゆる〝四焉《しえん》〟（学記）の境地を理想とし、経国済民を終生の念願とした。両者の生き方が似ているのは当然といえるだろう。

論語読みの論語知らず

まず第一に挙げておきたいのは、冒頭に開口一番「人間というものは自分はわかったようなつもりでも、なかなか本当のことがわからぬものである、ということが論語に徴して吾れ自らしみじみ感ぜられるという自分の体験をお話しする」と聴衆に語りかけておられることである。このあとにも「私など論語は子供の頃から読んで、ほとんど空で覚えておるくらい読み抜いてきたつもりでおるのですが、果してどれくらい読めておったかと思うと、まことに恥かしいことで一向に読めておらない」と述懐しておられる。

これはまことに大胆かつ率直な告白である。生来の豊かな資質に恵まれ、しかも齢七十を過ぎた碩学にしてこの言あるかと、まず感歎させられる。と同時に、今さらのように先生が身近に感ぜられ、ホッとしたような懐しさを覚えるのである。

デルフォイのアポロ神殿に掲げられた「汝自身を知れ」という語をもって自ら戒め人をも戒めたソクラテスは「自ら知らざるを知るは真知へ向かって出発することである」といった。

孔子も「これを知るを知るとなし、知らざるを知らずとなす、これ知るなり」（為政《いせい》）と教え、孟子も「偉大なる人は嬰児の純真な心を持ちつづけるものだ」（大人は赤子の心を失わざる者なり）といっている。まことに先聖後聖その揆《き》（みち）一なりだ。

酸いも甘いも噛みわけた稀代の人間通による融通無礙《フレキシブル》な解釈は、いわゆる情理兼ね備わり血が通っていて、思わず啓発させられるところが多い。ことにいろいろな分野にまたがる知識や事実を博引旁証して、すべてを現代に生きるわれわれ自身の問題として論じているところが、この講話集の大きな特色であると思う。

同じ章句について別の所でまた話されている場合もあるが、講じる先生の年齢とともに解釈も深まり、あるいは違った角度から新たな解釈をしていることもあって、こんな読み方もあったのかと、古典の読み方について眼から鱗がおちる思いをすることもしばしばである。

先生は、論語は「最も古くして且つ新しい本」であり、「現代を把握し正しい結論を得ようと思えば、論語で十分である、といっても過言でない」「ただ人々がそれほど読まないだけのこと」であるといっておられる。正に「学ぶに如《し》かざるなり」（衛霊公《えいれいこう》）である。

論語為政抄

本篇は金雞《きんけい》学院の機関誌「東洋思想研究」の昭和十八年三月号に掲載されたもので、文末に「二月十三日、我が誕生日の夜半」と誌されている。時に先生四十六歳。

昭和十八年二月といえば真珠湾の開戦から一年余り、前年の六月にミッドウェー海戦で敗れ、八月には米軍がガダルカナル島に上陸して日本海軍が制海権を失い、ようやく頽勢が兆しはじめた頃である。

国内では言論統制が厳しくなり、十八年の年が明けて間もなく、中野正剛氏が朝日新聞に執筆した「戦時宰相論」が東條首相の怒りに触れて発禁処分になっている（中野氏はこの年十月に自刃）。このあとを承《う》けて先生が読売新聞に発表した「山鹿流政治論」も同じく東條首相により発禁処分にされかけたが、当時の警保局長・今松治郎氏（先生の一高時代の同級生）の取りなしにより、辛うじて発禁処分を免れている。こうした椿事のすぐあとに、この「論語為政抄」は書かれているのである。とくに「近来の時政に深く感ずるあまり」という条《くだ》りに、この一篇を思い立たれた経緯が想像されるが、とにかく論語に出てくる孔子の言葉を通して当時の政治の在るべき姿を説かれたものと考えられる。

孔子が評した為政者の例として、最初に晏子《あんし》が挙げられている。晏子という人は清廉な人格者であるが、同時になかなかしたたかな政治家である。何代も君主が暗殺され、たえずクーデターが渦巻いていた斉国にあって、宰相の権威を保って何度も修羅場をくぐり抜け、斉国を乱世から守り抜いた人物である。

次に取りあげられているのは、孔子をして「その愚や及ぶべからず」と感歎せしめた甯武子《ねいぶし》である。彼は対立する晋・楚両国に挟まれて苦難の道を辿った小国・衛《えい》の家老として、君臣相剋して内紛やまぬ間に処して国の崩壊を防いだ苦労人である。

こうして為政者や各界の指導者の在るべき姿勢を論語に徴して論じてゆく中で、とくに「自分の門を叩く者のみを待って、みずから広く天下に士を求めようとせぬ夜郎自大の人物では、どうして真実の政治などできようか」と述べているのなどは、東條その人の狭量を指摘したものと見られて感慨深い。

とにかく戦時体制下に言論統制は厳しさを増し、当局や軍部の政策については直接の批判を公表することは許されなかった。この稿が書かれた前年の十二月に発行された先生の『世界の旅』も、当局の検閲を受けてかなりの部分が削除されている。先生はすでに昭和十一年、新潟県の長岡で同地が生んだ英傑・河井継之助とその学風について講演をし、その中で次のように論じている（互尊社刊『河井蒼龍窟の学源』より）。

満洲事変が起りました時、一世を挙《こぞ》って「この事変たるや実に日本のやむを得ざる特殊権益の擁護であり、生命線の維持であり、自衛権の発動である。断じて日本からし掛けたのではない」――

こういうのです。それはいかにも尤《もっと》もであるが、名分が正しくない、名教にははなはだ暗い論である。日本がそういうことを言うては大変なことだと私は当局にも言論界にもずいぶん力説し、論争した。なぜかというと、いかに日本の生命線の擁護であり、自衛権の発動であり、特殊権益の確保であるにせよ、要するに外国からいえば、それは日本の利益問題である。「王何ぞ必ずしも利を曰わん」と孟子にありますが、日本としては、こう言わずに、「張（作霖）軍閥が満洲において日本新附の民百万の朝鮮人ないしは一般日本人に対し加え来った暴虐、及び三千万の満洲人その他満洲に関係のある世界の人間が張軍閥のために蒙っている苦しみは人間として忍ぶべからざるものである。事ここにいたっては、日本の特殊権益はおろか、日本の生命をも賭しても暴虐者を討たなければならん。何の生命線ぞ。特殊権益何かあらん」――から出なければいかぬ。ここにおいて初めて日本の満洲事変に対する出兵が義戦になる、でなければ利戦になる。これが義利の弁です。場合によってはシベリア・沿海州まで行かなければならないかも知れない。どうやら分らないのに、ただ特殊権益といったら、ある範囲に限られて実際に動きも取れない。外交戦術としても拙なばかりでなく、名分問題として考えて、なお一層悪い。しかしこんなことを言ってみたところが、その頃から経済至上主義、権利義務一点張りの思想で、何を変なことを言うのかというようなわけで、演説会に行っても、新聞を見ても、みな特殊権益・自衛権で、そこで世界は果して日本の侵略主義、軍閥主義といってあらゆる非難攻撃を始めた。それで驚いて満洲事変の終り頃から、「いや満洲事変は日本の自衛権でも、特殊権益の擁護でも何でもない、これはひとえに満蒙三千万の民衆に王道楽土を建設するためだ」――というようなことを言い出してみたが、もう時すでに遅い。こういうことが政術と政道との分れる所以《ゆえん》であります。

先生のこの大義名分論、義利の弁は、戦前・戦後を通じ一貫して時務論の根柢に流れているが、この当時は検閲を意識して具体的な批判を公表することが憚られ、孔子の言を論語から借りて、間接的に時弊を論じているわけで、我々はその行間から先生の意図を読みとるほかないのである。

孔子について——講義草案ノート

「僕は将来の本格的な著述に備えて、長年にわたり文献を渉猟し、書き貯めたノートが等身大になっていたのだが、戦火でみんな灰燼に帰してしまったよ」という話は、しばしば先生からうかがっていた。千載の恨事とはこのことだが、何かの折にふれては、先生はどんなノートをとっておられたのだろうと、焼け失せた尨大な分量のノートの内容に想いをめぐらしたことがあった。

ところが先生が亡くなられて、御遺族の依頼で書斎と書庫の整理をしたとき、書庫の片隅や書斎の手文庫の中などから、もはや残存していまいと思われていた先生の手沢のノートが五冊も発見されたのである。その五冊は

一、農士学校学生用講義
二、困学録一——大塩中斎伝記
三、老荘列子研究　第一集

四、老荘列子研究　第二集
五、老荘録　第四

と題されていた。第一冊目は敗戦直後、農士学校の学生に対する講義の草案であるが、このノートは物資が払底していた当時を偲ばせるように、ところどころインクが滲み、裏側に沁み通るような粗末な紙質で、百五十頁にわたりギッシリ書きこまれた大版である。前半が主として身心摂養法と哲学・思想に関する問題、後半が「世界文化の根源」と題して、イエス・キリスト、釈迦、ソクラテス、孔子のいわゆる世界の四聖の伝記が収められている。本篇はその中の孔子に関する部分である。

講義用のメモであるから、文章はきわめて簡潔で、要旨だけを書きつづっているが、一読してまず感ぜられるのは、敗戦後の廃墟と混迷の中にあって、日本再建の抱負を胸に秘めつつ、将来農村の指導者たらんと志す山沢健児たちに道を説かれる先生の情熱と気概が行間に滲み出ていることである。

敗戦という悲劇により、もろもろの劇務を離れた先生は、これまでになかった閑暇を得られたであろう。これからは祖国復興の土台固めとして、農村の柱石となる青年たちのために、じっくり腰をすえて人造りに打ち込もうという意気込みから作成されたであろうこのノートは、他の三聖についても同様だが、孔子が生きた時代背景から書き起して、当時の政情と孔子の生涯に及び、最後は「孔子の道」で結んである。

もっとも印象が強いのは、やはり「孔子の道」のところである。先生は学生時代に書かれた『支那思想及び人物講話』(のち改題して『東洋思想と人物』)の中で、人物研究の態度を三つに分けている。

第一は、対象とする人物に憧れるあまり、美点や明るい面だけを見て完璧な人物を想像する。つまり神格化・偶像化である。第二は、冷厳な客観的・唯物的態度をとって、遠慮会釈なくメスを入れ、その人物の醜い所・暗い部分だけを俎《そ》上にのせて解剖する。第三は「人はみな人である」という信念に立って、神格化することもなければ、動物化することもなく、人間として温い眼であらゆる善と悪とを認識する態度である。

勿論、先生は第三の立場から孔子を「徹底した人道主義者」と見ている。そして世をすねた隠者長沮《ちょうそ》と桀溺《けつでき》の冷笑・皮肉・謗《そし》りに対しても、「道の行われざるはこれを知る」と覚悟しつつ「その身を潔《きよ》くせんと欲して大倫を乱る」ことを許さなかった孔子に、孔子の真骨頂を見ておられる。隠者のように世にあきたりない心を懐《いだ》き、ただ腕組みして傍観することができず、いかに世に容《い》れられなくても、進んで世のため人のために正しい道を主張した孔子について、先生は「人間はどこまでも人道的でなければならん、情がなければならん」と述べておられるのである。

怪力乱神を語らなかった孔子についても、「あくまでも人間を超越した絶対者、神、天の信仰に生きるという態度・志向をとらず、徹底して人間の中に天を発見し、人格の権威と自由を確立せんとした」ところにその本領を見ておられる。不肖の私もこうした生き方が先生自身の真面目《しんめんもく》であると確信する。

最後に、例によってプレジデント社の多田敏雄氏の意欲的な発想と熱意とによって、この講話集が成ったことに対して厚く御礼申上げる次第である。

昭和六十二年十一月十二日

元全国師友協会事務局長
山口　勝朗

項目索引

※この作品は一九八七年一二月に刊行されたものを新装版化しました。
著者の表現を尊重し、オリジナルのまま掲載しております。

カバー・表紙写真：越山／PIXTA(ピクスタ)

［著者紹介］

安岡正篤（やすおか　まさひろ）

明治31年（1898）、大阪市生まれ。
大阪府立四條畷中学、第一高等学校を経て、
大正11年、東京帝国大学法学部政治学科卒業。
東洋政治哲学・人物学の権威。
既に二十代後半から陽明学者として
政財界、陸海軍関係者に広く知られ、
昭和2年に㈶金雞学院、同6年に日本農士学校を創立、
東洋思想の研究と後進の育成に従事。
戦後、昭和24年に師友会を設立、
政財界リーダーの啓発・教化につとめ
歴代首相より諮問を受く。58年12月逝去。

〈主要著書〉「支那思想及び人物講話」（大正10年）、
「王陽明研究」（同11）、「日本精神の研究」（同13）、
「東洋倫理概論」「東洋政治哲学」「童心残筆」
「漢詩読本」「経世瑣言」「世界の旅」「老荘思想」
「政治家と実践哲学」「新編百朝集」「易学入門」

〈講義・講演録〉「朝の論語」「活学1～3」「東洋思想十講」
「三国志と人間学」「運命を創る」「運命を開く」ほか。

［新装版《しんそうばん》］安岡正篤《やすおかまさひろ》 人間学講話《にんげんがくこうわ》

論語《ろんご》の活学《かつがく》

二〇一五年四月二七日　第一刷発行

著者　安岡正篤
発行者　長坂嘉昭
発行所　株式会社プレジデント社
〒一〇二-八六四一
東京都千代田区平河町二-一六-一
平河町森タワー一三階
http://president.jp
http://str.president.co.jp/str/
電話　編集 〇三-三二三七-三七三二
販売 〇三-三二三七-三七三一

装丁　岡 孝治
編集　桂木栄一
販売　高橋 徹　川井田美景
制作　関 結香
印刷・製本　中央精版印刷株式会社

落丁・乱丁本はおとりかえいたします。

ISBN 978-4-8334-2127-0 Printed in Japan